世界のエリートはなぜ、「この基本」を大事にするのか？
実践編

戸塚隆将

朝日新聞出版

Prologue

世界のエリートが実践する「基本」とは何か？

「何事も『基本』が大事」とよく耳にします。

そこにはさまざまなバリエーションが存在します。

「まずは『基本』をしっかり身に着ける」は、「基本」を最初の一歩、スタートラインに位置付ける考え方。

「この辺で『基本』に立ち返ろう」は、一定程度前進したあとに、さらに進むために、「基本」を次の一歩として位置付ける考え方。

「『基本』をおろそかにしない」は、周囲に置いて行かれないための要素として、「基本」を防御、守りの役割に位置付ける考え方。

「『基本』がしっかりしているかどうかで最後に差が出る」は、一歩抜きんでるための、攻撃、攻めの要素ととらえる考え方。いわば、「基本」というチームの〝キープレーヤー〟

を前線に置くか、後方に置くかの戦術上のバリエーションです。

「基本」を知っているだけでは意味がない

ところで、「基本」とは、一体何なのでしょうか？

拙著『世界のエリートはなぜ、「この基本」を大事にするのか？』では、私が属した3つの組織、

世界最強の投資銀行：ゴールドマン・サックス（GS）
世界最高のコンサルティング・ファーム：マッキンゼー&カンパニー（McK）
世界最上級のビジネス士官学校：ハーバード・ビジネス・スクール（HBS）

において、私が一緒に仕事をする機会のあった元上司、先輩、同僚、後輩、学ぶ機会のあったクラスメートたちの仕事ぶりを振り返って気づいた、彼らに共通する考え方、価値観、仕事の流儀を「基本」と表現し、紹介をさせていただきました。

大変ありがたいことに、韓国語版、中国語版も翻訳出版され、日本、韓国、中国等のグ

ローバルなキャリアを志向する多くのビジネスパーソンの方々が、前著を手に取ってくださいました。そして、「基本」を再認識する、小さなきっかけの一つになったという感想をたくさんいただきました。

同時に、多くの読者の方から、『基本』を継続的に実践するには、どうしたら良いのか？」という質問をいただきました。さらには、「そもそも『基本』とは何なのか？」という、踏み込んだ質問もありました。

実は、「基本」の実践法と、「基本」とは何か、という2つの疑問は深い部分で強く結びついています。「基本」が何であるのか、の輪郭がはっきりすればするほど、「基本」を実践するためのアプローチが明確になってくるからです。

私なりにたどり着いた「基本」の定義は、次の3つで表現できると考えています。

- **成果を大きく左右する本質的で重要なこと**
- **多くの人が既に知っていること**
- **継続的に実践するのが難しいこと**

成果を左右する本質ではあるが、世の中で広く知られていないことであれば、それを知っていること自体が強みになります。しかし、それは、「基本」ではありません。「基本」は、知っているだけでは差別化要素にならないものです。**継続的に実践できてこそ成果に結びつくもの。それこそが、「基本」です。**

私はこのように定義をしています。

エリートたちを内面から突き動かすもの

本書は、仕事の「基本」を、どのようにして実践するのか、を掘り下げることを目的としています。つまり、仕事の「基本」の実践法がテーマです。

そこで、私は、ゴールドマン・サックス、マッキンゼーの元上司、先輩、同僚たち、ハーバードのクラスメートたちの仕事ぶりを改めて深く振り返り、彼らの「基本」の実践法を明らかにしようと努めました。

そこで、改めて気づいたことは、彼らの「基本」の実践にも、ある共通点があるということです。そして、その共通点とは、私たちがちょっとしたコツと心がけ次第で真似《まね》できる、と感じるものばかりでした。**それは、「基本」を徹底させるために「自分の内面に積極的に働きかける」ということです。**

自分の内面に積極的に働きかけることは、私たちが子どものころから恩師たちから意識的に、あるいは時に無意識のうちに教わってきた普遍的なポイントです。それは、ビジネスパーソンに限らず、私たち一人一人が成長していく過程で不可欠な根源的なドライバー（推進力）と表現できます。

それは、**「基本」を実践する自分自身を後押しする内面の力に、一人一人が自ら積極的に働きかけ、その力を最大限に活用する**、ということです。

ゴールドマン・サックス、マッキンゼー、ハーバードに共通する「基本」を実践する**内面のドライバー**は、大きく分けて3つに整理できます。

① 自分はやればできる、という「自信」
② 自分が率先して貢献しよう、という「責任感」
③ 自らが設定した「高い目標」に向かう信念

「基本」を徹底すれば、自分は前進できるという「自信」。
自分が率先して「基本」を実践しチームに貢献しようという「責任感」。

それは、リーダーシップとチームプレーに表われます。

基本を実践し、自分が掲げた「高い目標」を達成できるという強い信念。

実は、「自信」「責任感」「高い目標」は相互に影響をしあっているものなのです。

「自信」が深まれば、「責任感」が強まり、「目標」が高くなる。

「責任感」が強まれば、「目標」達成に一歩近づき、結果「自信」がさらに深まる。

「高い目標」に向かい、小さな成果を積み上げることで、「自信」が増していく。

つまり、この3つの要素の好循環が生まれていきます。


「自信」を生み出すためには、小さな実績が必要です。

そのスタートラインには必ず「基本」の実践があります。心に芽生えた「責任感」は、自分を「基本」に立ち返らせるでしょう。

高まった「目標」は、次の一歩にむけて「基本」を大事にさせるでしょう。

その意味で、「基本」と「自信」「責任感」「高い目標」の3つの内面的要素は、相互に影響し合っているものなのです。


本書では、「基本」の実践を促す、私たちの内面の3つの要素である「自信」「責任感」

「基本」の実践を支える3つの要素

フェーズ 1

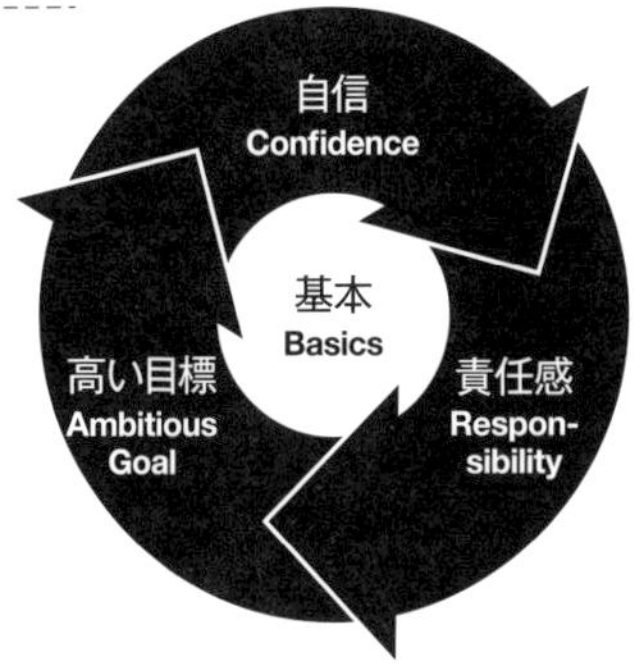

「基本」を実践することで
➡自信が深まる
➡責任感が強まる
➡目標が高まる

好循環が生まれる

フェーズ 2

自信が深まる
責任感が強まる
目標が高まる
ことが
➡「基本」に立ち返らせる

さらに「基本」を
実践することで
好循環が加速する

「目標設定」に焦点をあてていきます。

「基本」の実践法に興味のあるビジネスパーソンの方、そして、「自信」を強めていきたい方、「責任」あるポジションへのキャリアアップを目指す方、より「高い目標」を掲げ、ステップアップを目指す方、こうした方々にとって、本書が多少なりともお役に立てば嬉《うれ》しく思います。

それでは、「基本」を実践し、成長への好循環を生み出すためのディスカッションをはじめていきましょう。

著者

世界のエリートはなぜ、
「この基本」を
大事にするのか?

実践編

Contents

Prologue　世界のエリートが実践する「基本」とは何か？　1

Chapter 1 自信の「芽」を自分で育てる

1　「もう一人の自分」に自分を褒めさせる　16
2　長所と短所の裏返しを意識する360度評価　21
3　積極的な振り返りが「後悔」を「自信」に変える　26
4　振り返りに役立つ「自分ノート」　30
5　自信の裏には必ず「隠れた準備」がある　39

Chapter 2 日々の積み重ねで自信に肉付けする

6 謝罪癖をつけない「10分前到着」の習慣化 46
7 〝遅くとも午前2時〟には退勤する元上司の自信 49
8 腹を凹ませて身体から自信を取り戻す 54
9 休み明けの自信が増す主体的な「オフ」の入り方 58
10 週末の自己投資が生み出す自信の好循環 62
11 ワークライフバランスは「時間軸」を意識する 66
12 小さな「卒業」の積み重ねが自信を深める 70

Chapter 3 小さなリーダーシップを積み重ねる

13 呼吸をするようにリーダーシップを発揮する 76
14 リーダーとしての小さな勝利を積み重ねる 85
15 「オーナーシップ」がリーダーシップの第一歩 90
16 「自分ならどうする？」を問い続ける 95
17 「正解のない問題」を考える5つのステップ 100
18 アウトプットを前提に「読んだら3倍考える」 106

19 いつでもハンドルを握れるフォロワーを目指す 111

Chapter 4 チーム成果を最重視する

20 「個」の力をチームプレーに振り向ける 116
21 「ギブ&テイク」より「シェア&シェア」 122
22 「自分を知る」から始めるチーム貢献 127
23 「自分レジュメ」をアップデートする 131
24 目の前の仕事と組織にのめりこんでみる 138
25 「5分間仕事術」3つのステップ 142

Chapter 5 目標の「背骨」を鍛える

26 軸となる目標づくりに時間をかける 150
27 成長目的の「つながり」に優先投資する 155

28 ブレないために「信用」を行動規範にする 158
29 地域性とこだわりを服装で表現する 164
30 「信用」を支える清潔感のある小物選び 170

Chapter 6 他人と競わず「自分」と競う

31 自分の心に訴える「源泉」を探す 176
32 外国語は自分の年齢に合った習得法を選ぶ 180
33 GSの上司・先輩の英語習得法 185
34 自分に対して〝負けず嫌い〟になる 191
35 1週間に一度は「自分時間」を捻り出す 195

Epilogue 本書のタイトル「エリート」に込めた想い 201

ブックデザイン　遠藤陽一（デザインワークショップジン）

Chapter

1

自信の「芽」を自分で育てる

1 「もう一人の自分」に自分を褒めさせる

「一人の選手にとって、そして、いかなる人物にとっても、よくやった（"well done"）、と言われること以上に価値ある言葉は存在しない。これこそがスポーツの世界で生み出された最良の言葉だ。これ以上、言葉を付け足す必要はない」

"For a player – and for any human being – there is nothing better than hearing 'well done.' Those are the two best words ever invented in sports. You don't need to use superlatives."

スポーツ界において世界最大の成功を収めているクラブの一つ、英国サッカープレミアリーグの名門マンチェスター・ユナイテッド。同クラブにおいて、26年間もの長きにわたり監督を務め、数々の栄光と実績を積み重ねた名将、サー・アレックス・ファーガソン氏の言葉です。

「伝説の名将」を招き入れたHBS

アップルといえばスティーブ・ジョブズといわれるように、マンチェスター・ユナイテッドといえばアレックス・ファーガソンといわれる存在。まさに、スポーツ界のジョブズといっても良い、カリスマ・コーチの言葉には、短いながらに、ずしりとした重みがあります。

2014年4月、HBSは企業の経営幹部が参加するエグゼクティブ・プログラムの教師陣の一人として、ファーガソン氏を正式に迎え入れました。

以前から、HBSは、ファーガソン氏の人材育成、組織マネジメント、リーダーシップ教育の哲学に注目し、同校のケース・スタディ教材として、彼の経験と実績を取り上げてきました。

リーダーシップ教育の総本山ともいえるHBSが、ファーガソン氏に注目した理由は明確です。それは、ファーガソン氏の哲学はスポーツ界にとどまらず、ビジネスの組織運営、ビジネスパーソンの人材開発分野においても、非常に示唆に富むものと判断したからです。

ファーガソン氏が言うように、人間は褒めてこそ成長する、とよく耳にしますね。実際に、子どもは褒めて伸びるのでしょう。部下や後輩の育成では、厳しい指摘ばかりでなく、長所を褒めることが大事、といわれます。実際に、マネージャーとして、この「基本」を日々の職場で実践している方は少なくないのではないでしょうか。

褒めることに長《た》けた集団

ゴールドマン・サックスとマッキンゼーには、人事制度において、ある一つの共通点が存在します。それは、「360度評価」と呼ばれ、上司、同僚、部下を上下に関係なくあらゆる立場から評価しあう仕組みです。これは、お互いが、批判しあうのではなく、相手の長所を褒め、改善点を建設的に指摘しあう制度です。

この制度が一役を担っているのでしょうか。両社には、他人を褒めることに長けている人が多いです。さらには、他人を褒めるばかりか、自分自身を褒めることも上手な人が多いのです。

360度評価により、お互いを公正かつ客観的に評価する習慣が身に着き、結果的に、自分をも客観的に評価できるようになるのでしょう。客観的に自分を見つめることができると、自身の改善点や課題だけでなく、自分の強みや長所を堂々と公正に見極められます。結果、自分を褒めることが上手になるのでしょう。

自分の強みや長所を評価でき、積極的に自分を褒めることができれば、自信が増す。自信が増せば、成果があがる。成果があがれば、もっと自分を褒めてあげられる。褒めれば、いっそう自信が高まるし、さらに成果があがる。そして、その自信が「基本」に立ち返らせます。こういう好循環が生まれてきます。

褒められる好循環が人を伸ばす

私は、ゴールドマン・サックスの新人時代に、上司に褒めてもらえたことをきっかけとして、少しだけ自信をもつことができるようになりました。そして、そのありがたい一言がきっかけとなり、好循環が生まれました。上司に褒められたことで、改めてそれまでの自分を振り返ってみたのです。

すると、自分を非難し、後悔をし、自信を失うのではなく、むしろ、自分の努力には、ある程度、褒められるべき部分があることに気づきました。

そして、上司の一言がきっかけで、自分で自分を褒める循環が生まれ、少しずつ前向きに成長できるようになりました。以来、私は積極的に「自分で自分を褒める」を実践しています。

自分を褒めれば、自信が増します。ファーガソン氏ではなくとも、**自分の中に、「よくやった（"well done"）」と声をかけてくれる、「もう一人の自分」を積極的に探してみる。**これが、自信の「芽」を育てる第一歩です。

周囲で見かける、自信に満ちた友人や上司の顔を思い浮かべてみてはいかがでしょうか。おそらく、彼らは自分好きでしょう。

彼らは意識的に、あるいは無意識のうちに、自分自身を「もう一人の自分」が褒めているのではないでしょうか。

自分を褒める好循環を作り出すきっかけをくれた上司には、とても感謝をしています。そして、それ以来、私はその好循環を生みだすきっかけを、他人に求めずに自分で作り出すよう心がけています。

改めて漢字を眺めてみると、自信は、自分を信じる、と書きます。まずは、自分を信じて、自ら好循環を作り出す。私は、そう信じて実践しています。

2 長所と短所の裏返しを意識する360度評価

自分を褒める最初のステップとして、私が取り組んでいることがあります。

それは、自分の尊敬する恩師の顔を想像してみることです。

小学校時代の担任の先生。高校時代の部活の顧問の先生。新卒で入社した会社の上司や先輩たちの顔。そして、その恩師たちは、直近の自分をどう評価するかを想像してみます。

「おまえ、よくやったよ」と言ってくれるでしょうか？

それとも、「おまえ、まだまだだよ」と指摘するでしょうか？

前者であれば、どこを褒めてくれるでしょうか。

後者であれば、どこを改善するよう指摘されるでしょうか。

実は、他人の顔を想像してみると、意外と自分を客観的に評価することができます。これは他人からの評価を気にする、という意味ではありません。あくまで、自分を客観的に評価する際に、最初のきっかけとして自分をよく知る恩師を想像し、「もう一人の自分」を探す手掛かりにする、ということです。

まず相手の長所をフィードバックする

より体系的に自分を褒めるアプローチを考えてみましょう。

ゴールドマン・サックスとマッキンゼーにおける360度評価は、その名のとおり上司から部下に対する一方向の評価ではなく、上司も部下に評価される、公正かつ時に厳しいものです。

自分の上司に対してだけ、へこへこと機嫌をとるが、部下からの信頼が低い人物は、360度評価において厳しい指摘を受けます。逆に、自分の部下から慕われる人物は、下からの評価が当然高くなります。

360度評価には、定量的な数値だけでなく、定性的コメントが含まれます。むしろ、後者こそが、本人の成長にとって重要な部分です。そして、定性的コメントには一定のルールが存在します。それは、まず相手の長所の指摘から始めることです。

良い点を挙げ、それによってチームにどんな貢献があったのか、チームメートの成長にとってどのような好影響があったのか。それを、具体的な仕事の場面を振り返り、「あの時の○○した働きが良かった」とフィードバックをするのです。

そこでは、自分の上司、同僚、部下をしっかり褒めます。まず長所を指摘し、長所を伸ばしていけるようなコメントをする。そして、当然ながら改善点も指摘をします。

その際には、具体的に、あの場面で、あのような行動をとったことについて、改善の余地があるのではないか、と指摘をするのです。上司に対しても部下に対しても、改善点をアドバイスします。

本来、相手が誰であろうと、フィードバックをする際には、しっかりと相手の成長を意識する必要があります。

しかし、部下や後輩へのフィードバックでは、つい上司、先輩という自分の立場に甘んじて、フィードバックを雑にしてしまうことがあるかもしれません。

褒める時は、よくやった、と言うだけ。一方で、改善点を指摘する時は、相手の成長を促す意識が薄れ、つい厳しく乱暴な言葉をかけてしまうこともあり得るでしょう。

それが、自分の上司にフィードバックをするとなると、なかなか気を遣うものです。褒める際には、単に「良かったです」と褒めても、相手には伝わらないでしょう。むしろ、「自分を評価するなんて、生意気だ」と感情的に反発されることもあるでしょう。

上司の改善点を指摘する時は、さらに気を遣うのです。相手に対して敬意を払いつつ、具体的な場面を思い出し、丁寧に言葉を選ぶでしょう。

どんな人も褒められる360度評価

360度評価の良い所は、雑なフィードバックができない点です。上司にもフィードバックをするとなると、自然と評価を丁寧に行います。結果、部下に対しても、そして自分に対しても、丁寧で公正かつ客観的な評価をする習慣が身に着きます。

360度評価の仕組みには、「自分を褒める」際に役立つ視点があります。**それは、良い点と改善点の両方を指摘することです。**ここでは、意識的に長所と短所の表裏一体の関係を利用している、と言えます。

褒める所のない人などいないはずです。改善点があれば、必ずその裏には長所や褒められるべき点がある。

外交的な性格で、発言力のあるタイプの人は、つい人の話を聞くまえに、相手をさえぎってしまう傾向があってもおかしくありません。

逆に、人の話をしっかり聞くという長所を持っている人は、場面によっては聞き手に回りすぎてしまうこともあるでしょう。

その意味で、長所を挙げれば、改善点が明確になる。一方、改善点ばかりに目が向くときも、ふと逆側から視線を向ければ、褒める箇所は山ほど見つかるものです。

自分を褒める最初のステップは、まず自分を客観的に評価すること。客観的評価では、長所と短所の表裏一体の関係を意識するとうまくいくといえるでしょう。

たとえば、自分の短所、弱点ばかりが見えてしまう場合は、その裏側を積極的に考えてみる。そして、短所の裏にある長所によって、仕事がうまくいったり、チームに貢献できたりしたこと、また、プライベートの面でも良かったことがあるのではないか、というように考えてみます。

きっかけは、長所からでも、短所からでも構いません。自分の長所と短所の表裏一体の関係を意識すれば、自信をもてない自分にも、褒める所があると気づくことがあるでしょう。

自信の「芽」を育てるためには、自分をしっかりと振り返り、公正かつ客観的に評価することが、最初の一歩です。

3 積極的な振り返りが「後悔」を「自信」に変える

「将来のことばかり考えていたら、眠っていた自分の力に気づかなかったと思う。過去を振り返ってみて、自分の才能を再確認できた」

ある朝、日経新聞に手早く目を通したあと、紙面をめくっていた朝日新聞紙上でインタビューに答えるプロスポーツ選手の言葉が心に響きました。

サッカー日本代表の長友佑都選手です。小柄で、体格が劣るにもかかわらず、イタリアのプロサッカーリーグ・セリアＡの名門インテル・ミラノでレギュラーとして活躍する姿は、日本人として誇らしく感じます。長友選手は、イタリアに渡ってからも努力を続け、常に成長し続ける選手という印象を受けます。

自信を深めたきっかけを聞かれた長友選手は、冒頭のように「自信の源は前ばかりを見ることではなく、後ろを振り返ることだ」と答えています。

後悔を自信に変える

私は、HBSの2年間で多くのことを経験させてもらいました。また、HBSへの留学に向けた数年にわたる準備のプロセスにも、留学時の2年間に勝るとも劣らない学びの機会があったと考えています。

その時の最大の成果は、振り返りを通じて「自分」を見つめたことです。

それは、HBSへの願書や面接対策に必要だったから取り組んだことですが、結果的に、その時に投入した時間と労力は、とても価値あるものだったと考えています。

自己分析では、自分の強みと弱みを把握するように努めました。自分の仕事上の強みがはっきりしていれば、その後のキャリアで何を伸ばしていけば良いかが明確になるでしょう。

自分の可能性を広げるためには、アウェーのグラウンドに降り立ち、厳しい環境下で戦うチャレンジも必要ですが、ここぞという場面で勝利を得るには、自分のホームグラウンドに相手を呼び込み、しっかりと得点することが大切です。長友選手個人のプレーでいえば、サイドでボールをもち、どのようにドリブルをしかければ相手を抜き去ることができ、クロスボールを上げられるか、そのイメージが明確になることがこれにあたります。

自信をもって、目の前の仕事に臨む。自信をもって、目標を掲げて、長期的な努力に励む。自信をもって、自分の課題を見つめ、改善に取り組む。自己分析なくしては、できないはずです。

あいまいだった自分のそれまでの活動を、改めて振り返ってみると、後悔するようなものではない、と気づくことがあります。後悔どころか、自信をもっていいことではないか、と気づくこともあります。

あらゆる失敗にポジティブな側面がある

たとえば、会食が続き、二日酔い、寝不足続きの週を過ごしたとします。目の前の仕事が片付かず、自分はダメだな、と感じてしまうこともあるでしょう。睡眠不足で体調が万全でない時、気持ちは保守的になり、内向きになることがありますね。そういう時は、反省の気持ちが強まります。

しかし、体調が回復した週末にスケジュール帳を開き、会食を通じてコミュニケーションができた相手の顔を思い出してみます。そこでもらったポジティブなエネルギーを思い出します。そうすると、その週がとても有意義な1週間であったことに気づきます。

実は、それは反省するべき週ではなく、大いに前進した素晴らしい1週間であったと気づくのです。振り返ってみると、「後悔」が、むしろ「自信」に変わることがあるということなのでしょう。

自信の源はどこにあるのでしょうか。

自信は、過去の積み重ねから生まれると思います。過去の経験や実績が積み重なって自信が生まれる。まさに、自信の源は過去にあるのではないでしょうか。

逆に、過去こそ自信の源泉と言えるのかもしれません。もし、そうだとすれば、過去を振り返らない限り、自信は生まれないといえるのかもしれません。

積極的に振り返りをすることで、長友選手は成長を続けている。それならば、私たちビジネスパーソンも、改めて時間をとり、振り返ってみることが必要なのでしょう。

私は、あえて時間を確保し、自分を振り返る機会を用意するように心掛けています。それが、自信を生み出す源泉と信じています。自分の自信は自分で育てる。そういう意識で振り返りを実践しています。

4 振り返りに役立つ「自分ノート」

積極的に過去を振り返る際に役立つ方法は、ノートに書き出してみることです。

私は、自分を振り返ってみたり、目標を定めてみたりするために、さまざまな目的で使用するノートをかばんの中に忍ばせています。そのノートを**「自分ノート」**と呼んでいます。

ノートに書き出してみることで、自信が深まるメリットがあります。紙に書き出すと、心や頭の中のモヤモヤがなくなり、頭が整理されてきます。

1つの事象を表側（短所）からだけでなく、裏側（長所）からみることにも役立ちます。そして、自分を客観的に評価しやすくなります。

ノートに書き出す際に私が注意していることは、3つあります。

① 「後悔する事柄」「改善点」「課題」からではなく、先に「成果」「誇れる部分」から書き出す
② 「短期」「中期」「長期」のタイムフレームに分けて書き出す
③ 「改善点」や「課題」は、書き出したあとに必ず優先順位をつける

自分へのフィードバックは良い点から伝える

人に、フィードバックをする際には、まず良い点から伝えることが基本でしょう。実際、ゴールドマン・サックス、マッキンゼーでの360度評価においても、まず良かった点を伝えることを明確なルールとしています。

良い点を伝えずに、まず改善点からコミュニケートすると、フィードバックを受ける人は、感情的に反発してしまうことがあります。これは、自分で自分を評価する際も同じではないでしょうか。ネガティブな部分から始めると、気持ちが沈んでいき、自信を失うきっかけにもなりかねません。

このことを踏まえて、まずはノートに、自分が注力してみて、うまくいったことや成果を順不同で思いつくままにリストアップしていきます。その際に、1週間から数か月間を

「短期」、半年から1、2年程度を「中期」、3年超を「長期」としてみると、整理しやすいでしょう。

たとえば、短期で振り返ってみるとします。職場が変わった時を想定してみます。社内で部署異動をした際、あるいは会社を変わった際、その後の3か月間は忙しい日々が続くでしょう。

移った当初に優先目標としていたことは、おそらく、新しい職場に慣れることのはずで

褒め言葉

☞ 自分を 他人 と想定して、
どのような褒め言葉をかけるか考える

例）「新天地に移った直後の忙しく、かつ緊張するなかで、自分から積極的に仲間とコミュニケーションをとろうと努力する姿勢は素晴らしいね」

1. 自分へのポジティブフィードバック

1-1. 短期（1週間〜数か月間）

うまくやれたこと		成果
☞ 順不同で 思いつくままに リストアップをする		☞ うまくやったことの共通点に着目し、3つ程度 の成果にまとめる
1 例）新しい職場で同僚たちと連日ランチに出かけた。		1 例）職場の仲間たちと信頼を築いたこと。
2		
3		
4	▶	2
5		
6		
7		
8		3
9		
10		

改善へのアクション	優先順位
☞ 必ず アクションに落とし込む	☞ 必ず優先順位を決める
例）次回に向けて今回のプレゼンテーションを一人会議室にこもり、もう1度復習しておく。	②

2. 自分への改善点フィードバック

2-1. 短期（1週間~数か月間）

うまくできなかったこと／やり残したこと	
☞ 順不同で **思いつくままに** リストアップをする	
1	例）取引先へのプレゼンテーションを上手にできなかった。
2	
3	
4	
5	
6	
7	
8	
9	
10	

課題／要改善点	
☞ うまくできなかったこと／改善点の共通点に着目し、**3つ程度** に分類する	
1	例）プレゼンテーションの準備不足。
2	
3	

3. 振り返りのまとめ

いきなりまとめの表に書き込まず、まずは短期·中期·長期、ポジティブ／改善点、フィードバックのフォーマットを意識して、順不同で思いつくままに書き出すところから始めると、気軽に振り返りができる。

日付：　　　年　　月　　日

	短期	中期	長期
成果			
誇れる部分			
課題			
改善への アクション			
優先順位			

す。グループ内のさまざまな人と接することに時間を投じ、新しい職場のカルチャーや仕事の基本的な進め方を吸収することに注力するでしょう。

さらには、職場が変わった自分と家族が、プライベートにおいても変化に慣れることが大事ですね。起床時間は変わり、自宅を出る時間が早まることもあります。それによって、家族の生活リズムも変化するでしょう。

こうしてみると、職場が変わった直後は、やることが満載です。もし、この時に具体的な仕事の成果を出せたかどうか、という面ばかりに目をやると、忙しく過ぎていった3か月のなかで、十分な成果を出せなかったと後悔するケースがあるかもしれません。

しかし、新しい職場に慣れるうえで注力するべき事柄と、実際にやれたことを整理していくと、実はとても充実していた3か月だったと気づかされることがあります。

成果を書き出してみるうちに、自分も捨てたものではないな、と思えたら、良い傾向です。自分も結構頑張っているな。そう思えることが大事です。

仕事上の成果をリストアップできなくても、プライベートで頑張ったことがあれば、それを書き出してみると良いでしょう。

成果や、誇れる点をリストアップしたら、しっかりと自分を褒めてあげます。そして、次は改善点や課題を挙げていきます。

その際に、いきなり課題を挙げにくければ、まず、やり残したこと、うまくできなかったこと、後悔していることをリストアップしてみます。十分にやりきれなかったことを挙げていくと、共通点が見えてきます。そこから課題を抽出すれば良いですね。

課題が見えてきたら、必ず、優先順位をつけることです。優先順位をつけないと、必要以上に課題が多く見えてしまい、果てしないプレッシャーを受けかねません。

この1年間で注力したいこと、この3か月で取り組みたいこと、と現実的に絞り込んでいくことで、課題に圧倒される状況を避けることができるでしょう。課題が明確になり、優先順位づけされると、そこから自信が高まります。

なぜならば、課題が明確になることで、不安やモヤモヤがなくなり、取り組むべき事項がはっきりするからです。

優先順位がつくと、山積みに見える課題も一つ一つこなしていけば解決できそうだというように、今後へのルートやアプローチが見えてきます。私は、自分ノートを積極的に活用し、自信を深める努力をしています。

5 自信の裏には必ず「隠れた準備」がある

大観衆の前に立ち、壇上で身振り手振りを交え、流れるように語り掛ける。

さりげなくジーンズのポケットから、新商品を取り出す。

大画面には、寸秒違《たが》わず連動する映像が流れる。

堂々とした仕草。誰からみても、自信がみなぎる表情。

百戦錬磨のこの人物。そうです。元アップルCEO（最高経営責任者）のスティーブ・ジョブズ氏ですね。

ジョブズ氏が、わずか5分間のプレゼンテーションに、何十回ものリハーサルをすることは有名な話ですね。手の動き、目線、立ち位置、言葉の選択、映像との連動、新商品の見せ方。細部にこだわり、何度も何度も練習をし、精度を高めていく。まさに、準備に余念がありません。

誰もが、ジョブズ氏は生まれながらのプレゼンテーションの天才のように思ってしまいます。

漂うオーラとカリスマ性。あれだけの場数を踏めば、さらに、その能力は高まっていくのでしょう。

その自信の根底においては、本番前に何十回と繰り返す準備が一役担っているに違いありません。そのことを忘れてはいけないのではないでしょうか。

ジョブズでさえ緊張していた!?

2005年の氏によるスタンフォード大学での有名なスピーチ。映像を見てみると、私には、実はジョブズ氏の緊張する一面が見えたように感じられます。

自身は、大学をドロップアウトし、目標を見失いながら、一時期同級生の寮の部屋にもぐりこんだ経験を語ります。そして、スピーチ当日の卒業式が、本人にとって、大学の卒業式に一番近づいた瞬間だと冗談交じりに語ります。

そのジョークを語るジョブズ氏の表情は、どこか固いのです。おそらく、あれだけの成功を収めた人物であっても、ドロップアウトした経験をもつ同氏にとって、大学のキャンパスはトラウマとして残っているのではないでしょうか。

心の底にある強烈なコンプレックス。大学時代の自分を語るなかで、いろいろな景色が頭をよぎったのではないでしょうか。

アップル社の新商品発表で見せる、いつものような自信に満ちた表情ではなく、どこかぎこちなく、緊張した面持ちに見えます。

そして、スピーチ終了後に、拍手喝采を受けながら、きまり悪そうに照れ笑いを見せるジョブズ氏。実は、普段見せる自信は、必ずしも持って生まれた天然の才能ではなく、一つ一つ積み上げた経験に基づくものであることが、垣間《かいまみ》見える瞬間です。

大学の卒業式でのスピーチは、アップル社でのプレゼンテーションほど、十分なリハーサルができなかったのかもしれません。プレゼンテーションの自信の裏には、絶え間ない努力と準備があるということなのではないでしょうか。

堂々と語りかける姿。誰にも自信満々に見える表情。生まれた時から、自然と身に着けていたかのような強烈なリーダーシップとカリスマ性。自信の塊のような人物像の裏には、コンプレックス、不安、懸念があるはずです。

そして、それらを払しょくし、到達した自信の境地。その源泉には、絶えず繰り返される努力と準備があったのではないでしょうか。

エリートたちの泥臭い準備

ゴールドマン・サックスでの一幕です。

1週間後に控えた大事な顧客提案。夜中になっても、社内の大会議室には大勢が詰めかけ、本番に向けたプレゼンテーションのリハーサルに時間を費やす姿は珍しくありません。冒頭は誰が語り、次にどうバトンタッチするか。自分たちの伝えるべきメッセージは、的確に表現されているか。本番さながらの緊張感のなかで、繰り返し練習が続きます。

マッキンゼーでの一コマです。

3日後に迫ったコンサルティングプロジェクトの最終報告会。クライアント企業の役員が一堂に会する大事な提言の場です。ぎりぎりまで、提言メッセージの中身を詰め、論理を明確にし、いかにすれば、クライアント企業の役員の心を動かし、改革が進むか。当日のプレゼンテーションを想定して、ぎりぎりまで準備が続きます。

一見プレゼンテーション慣れしたプロフェッショナルに見えますが、実は、外には見えないところで、何倍もの準備をしています。社内のリハーサルに臨む前には、個々人が自宅や、自身の机の前で、小声で口を動かし、練習に励みます。小部屋にこもって、一人練習することも珍しくありません。

とても当たり前のことですが、練習なくして、本番はうまくいきませんね。子どものころから、よく聞かされた言葉です。しかし、ついつい忘れがちな言葉でもあります。

社内のできる人は、実は陰で練習をしているはずです。それが、あの人はできる人だから、自然とやれるのではないか、生まれながらに能力がある人ではないか、そんな意識が働きがちです。そして、ついつい自分が準備を徹底することを怠ってしまうことがあります。

ジョブズ氏のような人物でさえも、準備によって自信を深め、それが、本来のカリスマ性をいっそう高めているのではないでしょうか。

そして、準備をしなければ、100%の力を発揮できないということも、断言できるのではないでしょうか。

練習が生み出す、本番での好結果。そして、それが生み出す、自信。一つ一つを積み上げることで、さらに深まる自信。その好循環の最初の一歩には、隠れた準備があることを、改めて、見直していきたいですね。

Chapter 1
Summary

★ 積極的に自分を褒めることができれば、自信が増し、成果もあがる

★ 自分を評価する際は、まず長所や成果から考える

★ 時間を確保し、自分を振り返ると、褒めるべき部分は必ず見つかる

★「自分ノート」に成果と、改善点、課題を優先順位つきで書き出す

★ 天才に見える人も入念な準備をしていなければ、自信を持てない

Chapter

2

日々の積み重ねで

6
謝罪癖をつけない「10分前到着」の習慣化

約束の時間を守ることは、最低限のマナーです。そして、継続して実践することが難しい基本中の基本ですね。

時間に遅れないことは、約束相手への最低限の敬意でもあり、自分の信用を築く最初の一歩でもあります。この点、誰しも異論はないでしょう。

そして、時間を守るための習慣付けとしては、10分前到着が有効です。

本項では、「自信」という観点から、10分前到着を再考したいと考えます。

10分前到着は、自信を生み、5分の遅刻は、自信を奪います。

日頃から、10分前到着を習慣付けしている人は、自信が顔に表れます。逆に、日頃から5分の遅刻をしてしまいがちな人からは、自信に満ちた表情は生まれにくいものです。それはなぜでしょうか？

「すみません」の一言が自信を奪う

5分の遅刻をすると、挨拶《あいさつ》の冒頭は謝罪から始まります。相手に対して申し訳ない気持ちを伝えるためです。冒頭の数秒から数十秒の間、遅刻理由を述べ、迷惑をかけたことで頭を下げます。この時、仮にビジネスの会議の場であれば、前日までにどんなに良い準備をしても、冒頭が謝罪から始まることで相手に対する説得力が半減します。

遅刻に対する謝罪の表情は、自信に満ちた営業マンの表情とは、正反対のものです。そのため、遅刻が自信を奪ってしまうのです。

先方は、5分程度の遅刻を、それほど気にしていない場合もあります。というよりも、その場で謝られても、遅刻した事実には変わりなく、信用はすでに傷ついています。それを、その場の謝罪の言葉で取り消すことはできません。

それが、遅刻した側の立場になると、難しいものです。どうしても、「申し訳ない」という気持ちが先行します。これは、とても自然なことです。

しかし、この「申し訳ありません」「すみません」の一言、二言が、私たちの表情から自信を奪い去ってしまうのです。

「すみません」を繰り返し口にする人からは、自信を感じにくいものです。無駄に「すみません」を口にする場面を減らすことで、より前向きな言葉を発することができるようになります。

遅刻癖がつくと、対人関係のなかで、謝罪から会話が始まることに慣れていきます。その後の会話は、受け身になり、後手にまわります。そして、その瞬間、瞬間が積み重なって、自信がない自分を作り上げていってしまうのです。

逆に、10分前到着をすると自信を高めることができます。少し早目に到着することで、約束の背景や目的を確認することができます。冒頭、自信をもって、堂々と挨拶することができます。

前回のお礼を述べるのであれば、しっかりと相手の目をみて、心の底からの感謝の気持ちを述べることができます。そして、その後の会話に前向きに、自分のペースで移っていくことができます。

しっかりとしたコミュニケーションができると、それはまた、自分自身の自信につながります。そして、その自信が、次の良い結果を生み出し、さらに自信を高めていく。自信の好循環を作り出すきっかけとして、10分前到着の余裕を改めて大事にしたいですね。

7 〝遅くとも午前2時〟には退勤する元上司の自信

夜中遅くまでオフィスに残り、連日の残業に明け暮れる。睡眠不足のなか、頭がすっきりとせず、生産性が低い状態が恒常化。青白い、不健康な顔で、仕事に励む。当然、成果は出ない。

たまに、同期と廊下で顔を合わせると、「仕事が忙しい、大変だ」と不満を口にしてみる。会話がエスカレートすると、「こんなに働かせるうちの会社はひどい」などと愚痴を言ってみる。心の奥底には、自分はこんなに頑張っているのだという意識がある。

ゴールドマン・サックスに入社した1年目の私は、まさに、こうでした。忙しい毎日のなかで、どうやって生産性を高めて成果を出すか、という視点が少なく、毎晩遅くまでオフィスに残っていました。

自分は、そもそも厳しい職場環境を望んで入社したのではなかったのか？　愚痴を言っている自分に対して、そう指摘する、自分の中の「もう一人の自分」は影を潜めていました。

さらに、たちの悪いことがありました。久しぶりに再会した学生時代の同期に対しては、睡眠不足で忙しい自分、残業に明け暮れる自分を誇らしげに語りました。成果を出せずに、だらだら仕事をしているにもかかわらず、残業に追われる自分自身に、どこか酔っていたともいえます。

睡眠不足で迎える翌朝の会議には、当然、疲れた表情で臨みます。そして、上司や先輩からの指示や質問に対しては、自信をもって取り組むことも返答することもできません。

心の中の自信の欠如、不安な気持ちが、表情に表れていたでしょう。睡眠不足で、頭がすっきりしない状態で臨んだ朝の会議では、私自身の表情には自信は見られなかったでしょう。

原因の一つは、自分の頭と体が100％の状態でなかったことです。100％の状態で臨んでいれば、聞かれた質問に答えを用意できていなくても、「わかりません」「調べてみます」と即答できる。それが、体調が万全でないために、一つ一つの対応が後手にまわり、それが、さらに自信を減少させていく。

一方で、当時、一緒に仕事をしていた上司には、常に自信がみなぎっていました。朝一番の会議においても、夜中の海外との電話会議においても、いつも堂々としていました。忙しいなかでも、目の前の仕事に取り組む姿が前向きで、どこか仕事を楽しみながら取り組んでいるようにみえました。

忙しい日々のなかでいかに継続して成果を出すか

上司の帰宅時間には、特徴がありました。それは、当時進行していた重要プロジェクトの間、平日は午前2時にきっちり退社すること。午前3時ではなく、午前1時でもなく、午前2時。それまで、猛烈に仕事に集中しつつ、午前2時になると、さっと仕事を終え、明日のTo doを整理し、ジャケットをすっと羽織って帰宅する。

5分前まで、PCの前で、海外にメールを書いていたと思ったら、気がつくと、もう上司の姿はそこにないのです。

その上司は、どんなに忙しくても、残業は午前2時に切り上げる、と固く決めていました。もちろん、早く帰れる時は、だらだらと仕事をせずに、早い時間に帰宅します。

そのプロジェクトは緊急性が高く、チームメンバーは高い緊張感のなかで、連日極度に忙しい生活を送っていました。日付が変わってもオフィスに残る日が続いていました。多少早く帰れる日があっても、翌日のことを考えると、早め早めに仕事に取り掛かる方が賢明でした。

そのため、上司は、午前1時に帰らずに、午前2時までは頑張る。そして、どんなに気分がのっていても、翌日のことを考えて、午前2時きっかりに会社を出る。一日だけ頑張ったところで、仕事が片付く状況ではないため、忙しい日々のなかで、いかに継続的に、成果を出すか、を意識していたのでしょう。

その上司は、オフィス近くに住んでいました。そのため、通勤時間は短かったのです。私も、当時オフィスから徒歩圏内のワンルームマンションを借りて住んでいました。通勤時間は、私も上司と同じです。

大きな差は、体調管理の徹底度合いと、継続的な成果出しへのこだわりの強さです。私は、だらだらと、朝までオフィスに残る。上司は、集中して仕事に取り組み、体調を万全にするために、きちっと仕事を切り上げる。

オフィスと自宅が近いために、午前2時に会社を出れば、翌朝までに5時間の睡眠時間を確保できます。それが午前3時まで仕事をすると、睡眠時間は4時間になります。

これでは、継続して頭と身体を100%の状態に保つことは難しい。5時間超の睡眠時間を確保できれば、上司の経験則からすると、100%の状態に近づけることができる、という判断だったのです。

体調が100%の状態であれば、日々の仕事に自信をもって取り組めます。そして、もし、成果を出せなくても改善策を考えられる。最高の状態で臨んだ仕事で失敗した場合は、素直にあきらめもつく。だから、自信をもって一瞬一瞬を大事にできる。

体調管理の大事さを、よく耳にします。

通常の業務では、午前2時まで残業をすることはないでしょう。長時間の残業を美化する必要もありません。

ここで紹介した上司の凄《すご》さは午前2時まで毎日仕事をしていたことではありません。**翌日の体調を考えて、残業時間をきちっとコントロールしているプロ意識です。**自分自身の身体を100%近くに保つために必要な睡眠、生活習慣、休息レベルを知っているのは、他でもない自分自身です。

自分自身と向き合い、中長期的に、最大限の成果を発揮するために、必要な体調管理を自分なりに明確にし、それを実践する。体調管理をしっかりと行い、積極的に、自分の自信を強化することの大切さを学ばせてもらった経験でした。

8 腹を凹ませて身体から自信を取り戻す

ビジネスパーソンにとって、定期的な運動は、アンチエイジングから一歩踏み込んで、ポジティブなエネルギー、つまり、自信を深める効果があります。

運動不足の解消によって、自信が増す効果はさまざまあるでしょう。

リフレッシュすることで、ストレスが解消され、気持ちが前向きになる効果。

身体に良いことをしているのだという満足感からくる自信。

体力がアップすることでの身体能力そのものに対する自信。

さらには、ビジネスパーソンにとって、日々の仕事において、より直接的な好循環を生み出す自信があります。

それは、対人関係においてです。

人に会いたい日と会いたくない日

朝寝坊をし、髪型が決まらなかったり、メイクアップに十分な時間をかけられなかった日。こんな日は、なんとなく、人に積極的に会いたくはありません。ラフな服装で自宅近所のコンビニに出かけた時に限って、たまたま友人とばったり会うような時。ちょっと決まり悪く、あまりジロジロ見てほしくないと感じたりしますね。

一方で、お気に入りのネクタイをして外出する日は、どことなくワクワクしてきて、人と会うことに積極的になることはありませんか。週末に美容室にいき、美人度の増した月曜日の朝は、背筋が伸びませんか。

ビジネスの世界では、人とコミュニケーションをしない日はありません。インターネットやインスタントメッセンジャーのおかげで、直接顔を合わさずに、仕事をすることもあります。しかし、基本はやはり、リアルの世界です。リアルな世界で人と対面して仕事に成果が生まれることが多いでしょう。それでは、人と積極的に会いたいという気持ちがある人と、人に会いたくないな、という気持ちの人とでは、どちらがより成果を出せるでしょうか。それは、当然ながら、前者でしょう。

不思議なことに、同一人物であっても日によって積極的に人と接したい気持ちの時と、そうでない時があるものです。私にも日々、そういう微妙な気持ちの変化があります。友人、知人と積極的に会いたいなと思える日は、上記のように、好きな洋服や髪型や、女性であればメイクなどの影響があるのではないでしょうか。体調の良し悪しもあります。そして、定期的な運動をしているかどうかも、対人関係の積極性に影響を与えます。それは、定期的な運動によって、身体がシェイプされているかどうかという点です。

成人後、身長は伸びません。体質が劇的に変化をして、自分の憧れる体型に急激に変化することもないでしょう。しかし、人それぞれには、ベストなシェイプというものがあるはずです。

大事なことは、自分の体質に合ったなかで、ベストなシェイプに近いかどうかでしょう。化粧室に行き、手を洗う際に鏡に映る自分の姿。どこか、血色がわるかったり、いつもより、少しお腹がたるんでいたり。そんな時は、人に対して積極的にはなれません。逆に、自分のベストなシェイプに近い時は、自信をもって人に会えるものです。

エリートは、なぜ外見を気にするのか

ＨＢＳのクラスメートは、外見的にも好印象の人が多いです。これは、決して、美人かどうか、ハンサムかどうかという点ではありません。ビジネスの世界において、外見からくる第一印象の大切さを認識していて、努力の範囲で変えることができる外見的印象の改善に努めている人かどうか、という観点です。

事実、ＨＢＳのフィットネスジムは、いつ行ってもにぎわっています。その理由は、身体を動かすことでストレスを発散するという目的に加えて、定期的に運動をすることによってシェイプするという意識があるのです。

ビジネスパーソンとして、一定程度の外見上の気遣いをすることは、大事なことです。シェイプアップするためにジムに通うというと、少々ミーハーで、ちゃらちゃらした印象を受ける人はいるかもしれません。

過度にダイエットをするという意識ではなく、自分の外見上の第一印象を改善し、結果的に内面からくる自信を手に入れるためにも、定期的な運動を心がけたいものです。

9 休み明けの自信が増す主体的な「オフ」の入り方

久しぶりの休暇。わずか3泊4日の短い日程。

休暇の過ごし方①

旅行先に着いてからも、初日は、オフィスの仕事が気になり、頻繁にスマホをチェックし、PCを開いてしまう。気持ちもどこか上の空。休暇を100%満喫できていない。休暇の中盤から、徐々に気持ちが解放されていき、最終日になると、すっかり休暇モード。明日から仕事に戻らなければならないことが急に憂鬱《ゆううつ》になる。もっと休めたらよいのだが。自宅に戻り、翌日からの仕事を思うと気分が沈んでくる。

休暇の過ごし方②

待ちに待った休暇がやってきた。準備は万端。休み中の計画づくりも抜かりなし。初日から予定通りに過ごし、休暇を満喫。最終日は早めに自宅に戻り、翌日からの仕事に向けて、気持ちを切り替え、翌朝から全開で仕事に戻る。

どちらも極端な例ですね。実際は、前者のようにスロースタートな休暇のケースも、後者のような準備万端な休暇も珍しいでしょう。

それでも、それぞれに似た経験をした記憶がある人は多いのではないでしょうか。2つの休暇の違いは、前半にピークがあると、リフレッシュでき、休暇後半の気持ちの切り替えが比較的スムーズになること。

逆に、後半にピークがあると休暇の不完全燃焼を職場に持ち込んでしまうことです。

休暇の決断が早いエリートたち

ゴールドマン・サックス、マッキンゼーのプロフェッショナルは、休暇の決断が早いです。プロジェクトがスローダウンし、急な合間ができチャンスとみるや、すぐに休暇をとったりします。一方で、突然の仕事が入り、当初から予定していた休暇を、急遽《きゅうきょ》キャンセルせざるを得ないことも多いのですが。

普段の仕事においても同じようなことがあります。毎晩遅くまで仕事をしなければいけない時期でも、たまたまその日は早く帰れるとみるや、オフィスを出るのが非常に早い。今晩届くはずであったクライアント役員からのゴーサインが遅れ、その晩の作業がストップしたとします。それならば、家に帰ろう。気がつくと5分後には机にいない同僚をよく目にします。逆に、帰れる時にダラダラ残っていると叱られたりします。

休暇にしろ、日々の仕事にしろ、オンからオフへの切り替えの早さが際立っています。スイッチを切り替えるのがとても早いのです。それは、とれる休みが少ない分、とれる瞬間のチャンスを活用しようという意識が高いのかもしれません。

オフへの入り方は、実はとても重要なのでしょう。そして、オフへの入り方が、オンへの入り方を決めているとも考えられます。

オンとオフの切り替えをスムーズにする

帰宅した際に、連日の疲れから、着替えもままならずに、ベッドに倒れこんだ日。翌朝目が覚めると、普段よりも睡眠時間が長かったにもかかわらず、疲れがとれていないことがあります。

一方で、疲れてはいても風呂に入り、身支度を整え、寝間着に着替えて就寝すると、翌朝の目覚めがよく、エネルギーが充足されることがあります。

休息をとる時、オフに入る時に、オフを前向きに意識する。オンからオフの切り替えを意識すると、結果的に、オフからオンへの切り替えがスムーズになるのではないでしょうか。

オンへの切り替えがスムーズであればあるほど、週明けには自信がみなぎっているでしょう。

私は、休暇明け、休息明け、週明けの自信を得るために、オンからオフを強く意識するようにしています。

10 週末の自己投資が生み出す自信の好循環

「わからないことがあったら、電話していつでも聞きなさい」
そう言って、オフィスを出て、クライアントとの会食に向かった上司。
オフィスに一人残された私は、「はい」と答えたものの、不安が残る。
一体、わからない時には、どこまで上司に質問をしていいのだろう?
そもそも自分の疑問点自体がわからない。
手を動かしてみると、結局、不明点は複数ある。
それでも堂々と質問ができずに、翌朝上司に質問をする。
上司は丁寧に教えてくれたものの、なぜ昨晩電話してこないのだ? と私を叱責《しっせき》した。

私は、新人時代、このような場面を経験しました。

振り返ってみれば、学校の授業でも同じ経験をしてきました。

「質問しなさい」と言われても、堂々と質問できる人ばかりではないものです。

自信満々で質問するHBSのクラスメートたち

一方で、ＨＢＳの学生は、授業中、わからないことがあれば、平然と自信をもって手を挙げて質問をします。

あたかも、「教える側の説明が下手だ」と主張しているともとれるくらい、些細《ささい》な疑問であっても自信満々に質問をします。

その自信は、一体どこからくるのでしょうか？

一つの理由は、質問をするまでに、自分なりにしっかりと予習を済ませ、調べてきた、という自信でしょう。

それまで、努力をし、一定の知識を有しているからこそ、知らないことを知らないと言い切れる、そんな自分の基礎知識への自信。

質問をして、再度説明をしてもらえれば、自分は必ず理解できる、という自分の理解力への自信。

自分が理解できないのであれば、他人も理解できないであろう、という自信。予習をしっかりこなし授業に臨めば、家で昨晩読んだ教科書には説明がなかったので教授に質問しよう、というように、自信をもって不明点を訊《たず》ねることができます。時間をかけて読んだけれど、自分は理解できなかった。そうした努力をしているからこそ、質問をする権利を主張できます。

根底にあるのは、日々の積み重ねのなかで、しっかりやってきたという自信。自信が堂々と発言できる姿勢を生み、自信が正当な権利を主張させるのです。

やりきった感覚が自信を深める

それでは、日常生活において、そのような自信をどう得れば良いでしょうか?

それは、まず、日々の仕事から、最大限の学びを得る努力をすることでしょう。周囲の同僚や先輩、上司に少しでも追いつくために努力をしてきたという自信の存在も必要ですね。

多忙なビジネスパーソンにとって、ビジネスの基礎知識を得るためのベースは、まず日々の仕事で最大限の学びを得ることでしょう。

さらに、自分なりに、キャッチアップすることが大切でしょう。では、その時間をどこでひねり出すか？

前著で20代は1日、30代は半日、週末を自己投資にあてるという議論をしました。そこでは、資格をとったり、読書をしたり、勉強会に参加したり、語学をやったり、いろいろな活動があると思います。

何を学ぶか、どこに時間を投資するか、は大事です。そして、限られた時間のなかで、自分は自分を磨く努力をしている、という実績が、自分の自信を深める要素にもなるはずです。

頑張っている、というプロセス自体に満足してしまうのは、本末転倒ですが、やるだけのことはやっている、という事実も、同時に大事なのでしょう。

しかし、週末も自己投資となると、一体いつ休むのでしょうか？

プライベートとの両立はどうするのでしょうか？

非常に重要なポイントですね。ワークライフバランスについては、次項で議論をしましょう。

11 ワークライフバランスは「時間軸」を意識する

巷間《こうかん》でよく話題になるワークライフバランスを保つことについて、どう考えれば良いでしょうか？

週末を積極的に自己投資にあてることで、自分を成長させることができます。

そして、内面においては、そうした地道な努力を続けることから自信を積み上げていくことができます。

しかし、問題は、週末の貴重な時間を自己投資にあてることで、ワークライフバランスが崩れてしまう恐れがあることです。

ワークライフバランスを考えるうえで、時間軸をどう設定するか、がポイントになります。

私が接してきたハーバードのクラスメートたちの多くは、ワークライフバランスを、短期の時間軸ではなく、中長期で保とうとしていました。

ワークライフバランスの意味

時に、キャリアで成果を上げる、あるいは、プライベートを充実させるためには、短期的には、どちらかにかなりの時間を集中させなければいけないこともあるはずです。

その時に、ワークライフバランスというものを意識しすぎると、バランスをとること自体が目的化してしまう恐れがあります。

目的は、前に進むこと。前に進む際に、バランスを保ちながら進むことが、ワークライフバランスのはずです。

そもそも、バランスとは、左右が等しいという状態ではなく、どちらかに傾いた時にも倒れない平衡感覚のことを言うはずです。

平均台で前を目指すときは、倒れそうになったら、両手を広げて、腰をかがめてバランスをとります。

その時に、バランスをとることを目的にすると、一歩一歩がゆっくりとした歩みになりすぎます。

本来は、バランスをとることが目的ではなく、一定速度以上で着実に前進することが目的のはずです。前進するなかで、いかにバランスを保ち、倒れて落ちないか、がバランス力です。

最初から、ワークライフバランスを論じるよりも、まずは、前に踏み出してみる。そして、バランスが崩れそうになったところで両手を広げ、腰をかがめる。そうしたバランスのとり方も、中長期的に考えてみると良いのではないでしょうか。

集中投下が生産性を高める

HBSの2年間は、とてもハードな期間です。その間、ワークライフバランスを保とうとしても、どうしてもワークに偏ってしまいます。

卒業生の多くは、卒業時に学費ローンを抱えます。学費ローンの短期返済という経済的理由と、キャリアで一定の実績と経験を積み上げることを目的として、卒業後の一定期間、相当ハードな職場で働くことを選択する人が多くいます。その期間も、かなりワークに偏った生活を送ることになります。

つまり、HBSの学生の多くは、在学中の2年間と卒業直後の数年間、ワークに偏った生活を選択します。複数のことを同時に並行して行うのは、難しいものです。

ある時期はA、別の時期はBという、一定の集中投下が生産性を高め、成長を最大化するといえる部分もあるでしょう。

自分を高める必要がある時は、周囲やパートナーの協力を得て、一定期間仕事や勉強に集中投下する。

一定期間というのは、短ければ、1か月、3か月もあるが、中期でみて、もうしばらく長い期間の可能性もあるのではないでしょうか。

年齢とともに、家族が増え、週末の自己投資にあてられる時間は減っていきます。だからこそ、20代は、できるだけ自己投資にあてる。30代も半日は時間を確保してみるのが良いのではないでしょうか。

12 小さな「卒業」の積み重ねが自信を深める

学校はもとより、会社に限らず、さまざまな場面や取り組みにおいて、「退学」をするか、「卒業」をするかの、2つの選択があります。なるべく多くの「卒業」を積み上げることが、自信を深める要素になるでしょう。

卒業の定義はまちまちです。学校であれば、一定の出席率を満たし、必須科目を受講して、試験で基準点を突破することで、卒業証書を受領します。学校以外であれば、当然ながら、卒業といっても、卒業証書をもらえるわけではありません。

そのため学校以外では、卒業か退学かは、あくまで自分自身の判断で決まります。自身の活動を振り返ってみて、組織に対して一定の貢献をすることで全体の成果アップに役立ち、かつ、個人としても一定の学びと成果があったかどうか。

自分として、納得感があり、前向きに次に進めるかどうか。

大事なことは、成績優等ではなくても、劣等生であっても、自分に対して嘘《うそ》偽りなく卒業したと言い切れるかどうかです。

「卒業」の好循環に入る

学校の卒業にもいろいろとあります。小学校から付属の一貫校に入学し、そのまま系列の大学を出て行くケース。これは、文字通り、一つの〝学び舎《や》〟にどっぷりと身を置き、卒業をする例です。

高校3年間の後、受験を経て大学に進学するケース。これは、思春期の多感な時期に、異なる〝学び舎〟で濃密な期間を過ごした例です。

一つの卒業が自信を呼び込み、次の卒業につながっていく。これは自信の好循環の好例です。

卒業をしたという一区切りが、学びや成果を明確にし、次につながるエネルギーを湧かせます。そのエネルギーが、次に良い成果をうみ、自信を高め、好循環が続いていきます。

一方で、過去を振り返れば、卒業をせずに、退学した経験があることも多々あると思います。習い事や部活動まで含めれば、それは誰にでもあることですね。その場合は、退学経験を消去することはできません。

できることは、次の場所で、必ず卒業すること。その卒業とは、必ずしも大きな卒業である必要はないでしょう。

まず、小さな卒業で好循環に入ることです。また、退学と認識していた経験も、改めて振り返ってみると、実は卒業だったかもしれません。

自分の過去を客観視せず、甘い認識で、自分自身に嘘をつくのは良くないでしょう。しかし、改めて自分の過去を振り返ってみると、一定の成果があり、退学が卒業であったと気づく場合も少なくないはずです。

卒業か退学かを決めるのは自分自身

振り返ってみたけれど、やはり退学だったということも多々あるでしょう。その時は、退学した理由を一度整理すると良いのではないでしょうか。そして、次は、必ず卒業しようと気持ちを切り替えること。

よくないケースは、卒業を卒業ととらえずに、あいまいなままにしてしまうこと。あるいは、本来は卒業のはずの経験を退学とイメージしてしまっていること。そして、改めて振り返ってみて実際に退学をした経験があった場合も、その理由を振り返らずに、あいまいにしてしまっていること。

結局のところ、卒業か退学かを決めるのは自分自身であり、卒業も退学も、しっかりとした振り返りがあって初めて明確になることでしょう。

振り返りをすることそれ自体、つまり気持ちの整理をすることが、卒業そのものといえるのかもしれません。

卒業したにしろ、退学したにしろ、きちんと振り返りをすることが、次への自信を高めるといえるのではないでしょうか。

Chapter 2 Summary

★ 5分間の遅刻で失われる自信の価値を意識する

★ 心身の体調を100%に保つために、自分の「定時」に従う

★ 外見を気を遣うことで自信が培われる

★ オンからオフへ、オフからオンへの切り替えの早さを意識する

★ 努力があるからこそ、わからないことを自信をもって質問できる

★ 仕事も勉強も時間を集中投下することで成長率は上がる

★ 日頃から自分のキャリアを振り返る習慣をつくる

Chapter

3

小さなリーダーシップを

13 呼吸をするようにリーダーシップを発揮する

「社会に変革を生み出すリーダーを育てる」

"We educate leaders who can make a difference in the world."

ＨＢＳのビジョンは、リーダー育成。入学式初日から、卒業式にいたる2年間、リーダーシップという言葉を耳にしない日はありません。

ＨＢＳは、ハーバード大学大学院の経営学修士課程です。その名のとおり、経営者を育てる専門大学院。組織のトップを養成するのですから、当然リーダーシップという概念が重要です。

私も、入学前までは、経営者＝リーダー、という発想から、ＨＢＳはリーダーシップの重要性を説いている教育機関だと考えていました。

実は、この私の認識は誤っていました。

HBSの卒業生のほとんどが、卒業後組織を経営するポジションに就きます。その意味で、経営者＝リーダーという発想は、否定されるものではありません。

しかし、HBSは、経営者という組織を率いる役職に就く人物を育てるがために、リーダーシップの重要性を説いているわけではなかったのです。

リーダーとは真っ先に行動する人

HBSでは、一人一人が、一瞬一瞬、自らが自身の頭で考え、自らが率先して一歩を踏み出し、チームの成果に貢献することこそがリーダーシップだと教えられます。リーダーシップは、チームリーダー一人だけが発揮するものではなく、全員が発揮するもの。呼吸をするように、無意識のうちに誰もが瞬間瞬間で実践する意識と行動、と教え込まれます。

そこで意味するリーダーシップというのは、当然ながら、組織のCEO職のような、一部の人が担う役職のことではありません。

リーダーとは、英語（Leader）を直訳すると、先導者です。チームのなかで、真っ先に考え、真っ先に自分の意見を提案し、真っ先に行動する。それは、決して「誰が先に」、の順番を競うことではありません。「自分から」という意識が結果的に「真っ先に」につながるだけです。

また、自分の意見や考えを押し付けて、好き勝手に組織やチームを動かすことを意味することでもありません。チームの成果を最優先し、成果につながることに、率先して着手することを意味します。

人が躊躇《ちゅうちょ》することを、自分が試しにやってみる。そこにはリスクが伴います。それでも、チームのために、真っ先に行動に移す人、ということです。自分がやらずに誰がやる。人に責任を押し付けない。そういった責任感が根底にあります。

HBS流リーダーシップとは

HBSのクラス運営やクラブ活動において、役割分担を決める時、大きな衝撃を受けたことがあります。自分がリーダーをやりたい、と多くの学生が手を挙げ、立候補するのです。

私は、それまで、立候補という行為に、何となく違和感を持っていました。リーダーとは、人に推されてなるものであって、自ら手を挙げてなるものではない、そんな意識が心の底にありました。

HBSの学生たちとの根本的な考えの相違は、リーダーとは人の上に立つ人である、と認識していたことです。何とも傲慢《ごうまん》な考えですね。組織のトップとは、その他大勢の人の上に立ち、組織を率いる人だと考えていました。「人の上に立つ」とは、偉そうな表現です。

人に推されれば、「いえいえ、私は、そんな人物ではないですから……」と一度お断りをし、それでも推されれば、仕方なく、「それでは、私が務めさせていただきます」と引き受ける。皆さまのご支援とご推薦があったために、「私がリーダーを務めさせていただきます」。リーダーとは、そういうものだと考えていました。

何がきっかけで、そのような認識をもつようになったのかはわかりません。おそらく、自分自身、リーダーシップとは何か、を自問する部分がまだまだ足りなかったのだと思います。周囲に推され、一旦《いったん》は固辞しつつも、他に表立った適任者が現れず、最後に首相に就く決断をする。実は、真の実力者は別に存在する。結果、1年の任期で交代し、次に同じようなプロセスが繰り返される。

自国の政治システムを一方的に批判すること自体、私自身にリーダーシップ意識が足りないことになるので、これ以上は控えたいと思います。しかし、私のリーダーシップ像とは、そういったメディアで見聞きする世界から、知らず知らずに影響を受けた部分もあるかもしれません。

ＨＢＳの学生がリーダーに立候補をする際には、「人の上に立つ」という発想は全くありません。むしろ、「自分が率先して、誰よりもリスクをとり、チームを先導し、チームの成果に貢献する」という考えです。人の上に立つか、人の下に立つか、となると、上に立つ側と下に立つ側の２つに１つです。

しかし、「自分が率先して、先導する」には、チームを２つに分けません。全員が、「率先してやる」という思いがあれば、それだけチームの推進力が高まります。

リスクを受け入れる覚悟

先導者は常にリスクを背負うものですね。そして、そのリスクを受け入れる覚悟が必要です。

私はＨＢＳでリーダーシップの概念を覆された時に、子どものころの経験を思い出しました。

所属していた小学校のサッカーチームの夏合宿に参加した時です。宿泊所から、グラウンドまで徒歩20分ほどの距離。山道に迷いこみ、一緒に行動を共にしていた同級生と、その先どちらの方向に進むべきか、議論になりました。

私は、私なりの推論を述べ、同級生5人を先導し、皆で歩き始めました。その後、いくら歩いてもグラウンドにたどり着かない。むしろ、グラウンドとは正反対の方向にあるはずの山の頂上が見えてきてしまった。そこで、仲間の一人が声を荒らげました。

「こっちの道だ、と言ったのは誰だよ！　迷ったのは誰のせいだよ！」

仲間を先導した私に怒りをぶつけてきたのです。私は、こう答えました。

「こっちと言ったのは僕だよ。だけど、みんなそうだね、と同意したじゃないか。僕のせいだけにするなよ！」

そこで大変な口論になりました。

今思い返してみると、私にはリーダーシップが欠けていたのです。そこで私が言うべきことは、「こっちに行こうと言ったのは自分だよ。申し訳ない。ここから抜け出せるよう、また協力して歩き出そう」のはずでした。

自分の意見で先導したうえで、結果がうまくいかなければ、責任は自分にあります。周囲が賛同したかどうかは、関係ありません。リーダーシップは、結果がうまくいけば、感謝されますが、うまくいかなければ、自分が責任を負わなければなりません。

責任をとるリスクを避けるために、先導者になることを尻込みしてしまいがちですが、そこもチャレンジしていかなければならないのでしょう。

一方で、その場にいた仲間たちも、ある部分リーダーシップが足りなかったといえるのかもしれません。

一人の先導者の意見に賛同したのであれば、迷いこんだ後に、その先導者だけを責めるのではなく、自分たちも信じて任せたことに責任の一端を感じることもできたでしょう。そして、次の一手を一緒になって考える。一人一人がリーダーシップを発揮するとは、そういうことなのではないでしょうか。

ところで、ゴールドマン・サックス、マッキンゼー、ハーバードは、なぜ業界、あるいは教育機関としてトップの地位を維持しているのでしょうか?

それぞれの分野で先頭を走る組織には、真似《まね》るべきモデルがありません。自分たちが、金融機関、コンサルティング・ファーム、教育機関のあるべき理想を考え、自分たちが自らの判断で方向を見定め、誰よりも率先して一歩を踏み出す必要があるはずです。

それは、組織のトップであるCEO、学校のトップである学長の役割と言い切るのは、適切ではないでしょう。

真似る先例がない時こそ、業界の先頭を歩み続けるには、チーム一人一人のリーダーシップが重要になってきます。自分たちは先頭を走っているのだ、という意識がなければ、すぐに二番手に追い抜かれてしまうでしょう。

リーダーが多いほどチームはまとまる

サントリーＨＤ社長に就任される新浪剛史さんが、ローソン会長時代にインタビューで次のように語っていました。

「業界第二位として、セブン－イレブンをモデルに追いかけていけば良いと思ったが、追いつくのは簡単ではなかった。だからこそ、自分たちの独自の戦略をとる方向に舵《かじ》をきることにした」

業界二番手企業は、追いかける相手がいます。しかし、それでは万年二番手から抜け出せないし、追いかけることも容易ではない。それならば、自らが別の形で先導者になることを目指す、という判断をされたのでしょう。

実は、ゴールドマン・サックス、マッキンゼー、ハーバードで求められる人物像には、必ずリーダーシップが挙げられます。業界の先頭を走るには、組織の構成員一人一人が、自分で考え、自分で行動し、リスクをとって、組織の成果に貢献する、という意識がなければ業界の先頭を走り続けられないからです。

不思議なことに、これら3つの組織には一人一人が強いリーダーシップのある人材が集まるにもかかわらず、チームワークが見事に発揮されることです。リーダーシップとは、チームの成果を最大化するために、まず自分が率先する、ということ。つまり、リーダーシップとチームワークは2つでセットということです。

リーダーシップがなければ、チームはまとまりません。逆に、チームワークがなければ、リーダーシップそのものが必要はありません。なぜならば、リーダーシップとは、チームの成果を最大化することが目的だからです。

HBSで教え込まれるリーダーシップとは、常日頃から、自分が率先する、自分が自分で考える、自分がまずリスクをとる、ことです。一部の役職でもなく、人の上に立つことでもありません。

HBS流リーダーシップとは、呼吸をするように一人一人が常日頃から実践する意識と行動です。私は、この教えを日々実践するよう心がけています。

14 リーダーとしての小さな勝利を積み重ねる

「リーダーシップを発揮した経験を述べなさい」
"Describe your leadership experiences."

HBSの入学審査で、必ず聞かれる質問です。HBSは、リーダーを養成することを目的としているために、出願を通じて、一貫してリーダーシップの観点から志願者を判断します。

HBSは、平均的に3~5年間の社会人経験を積んだ人が、入学する大学院です。そのため、リーダーシップ経験に関する質問では、当然ながら、職場におけるリーダーシップ経験を述べることが期待されています。

しかし、私も含めて、多くの志願者たちが苦労する点があります。それは、20代後半~

30代前半の出願者にとって、職場でリーダーシップを発揮する役職に就いていることは稀《まれ》だということです。特に、大企業に勤める場合、志願者が会社の重要な役職に就いていることや、部署を率いる経験を積んでいる可能性は、極めて低いのです。

ここで私が犯した失敗は、プロジェクト責任者のアシスタント的立場を務めたとか、そのうちの小グループのリーダー的役割を務めた、などと、頭をひねって、リーダーシップの役職らしきものをアピールしようと努めたことです。

しかし、聞き手側からすれば、30歳前後の若者にとってグループのリーダー職を務める機会が少ないことは、自明です。先方もそのような役職に就いていることが稀な例であることを十分前提としています。

また、責任者の助手的立場で大きなチームの運営に関わったとしても、それはあくまで役職であって、リーダーシップの具体的な実績ではありません。

しかし答える側の立場であった私は、具体的な役割に触れずに、自分の務めた役職名に目が向いてしまいました。また、プロジェクトの大きさと世の中へのインパクトを語ることで自分のリーダーシップ実績を補いたいという気持ちが前面に出てしまいました。

小さな勝利が自信を積み上げる

私が、HBSの面接に呼ばれ、1泊2日の強行スケジュールでボストンに向かった時のことです。

面接担当者は、私の出願書類にくまなく目を通していました。そして、そこで聞かれた内容は、とても具体的なものでした。まさに、当時の私が、私なりに積み上げたリーダーシップの小さな体験と、リーダーシップに対する私なりの考え方、課題意識、克服方法、物の見方などを、質問を通じて読み取ろうとしていました。

HBSの面接担当者が知りたかったのは、私が、日々の仕事や生活のなかで、まさに、小さなリーダーシップを積み重ねているかどうか、だったのです。

面接担当者は、私がある案件で後輩と一緒に仕事をした際のやりとりに深く突っ込んできました。

その後輩の課題は何だったのか。それに対して、私はどのように対処したのか。その対処の仕方は今振り返ってみて適切だったか。それを振り返ってみて、どう修正するか。

その後輩は、とても優秀な人物でしたが、当時は自信が不足していた、ということを私は指摘しました。それは、私自身が、新人時代に経験した状況であったからこそ、共感できたのだと伝えました。そして、その後輩が自信をもてるようなアドバイスを心がけたと答えました。

自信がない人に、「あなたは自信が欠けているから自信をもちなさい」と伝えても逆効果だと、私は続けました。自信がない人は、「あなたは自信が不足している」、と言われたらいっそう自信をなくしてしまう。

むしろ、自然と自信をもてるような役割を用意し、成果出しをサポートし、それを積み上げることによって、自然と自信が生まれてくるもの。そして、成果を出した時に、本人が自信をもてるような感謝や賞賛の言葉をかけること。

自信をつけていくには、そういった小さな勝利＝スモールウィン、の積み上げがとても大事であること。

そして、スモールウィンを積み上げられる役割を設定することが、当時の自分の目指したことであること。このような、私なりの考えと行動を説明しました。

HBSの面接担当者とのやりとりは、とても盛り上がりました。彼が知りたかったリーダーシップ経験とは、役職や立場でもなく、関わったプロジェクトの大小でもなかったのです。

自分なりのリーダーシップ

リーダーシップとは、小さな場面、場面で、自分が自ら動きだし、周囲に何らかのポジティブな影響を与えようとする考えや努力の積み上げなのではないでしょうか。自分だけの成長や成果に興味を持つのではなく、チーム、グループ、組織全体の成果や成長を優先し、そこに一瞬一瞬、自らが当事者意識をもって、一歩前進させることこそがリーダーシップです。

面接担当者は、まさに、私自身の、そういった意識や思考プロセスを知りたかったのでした。私の当時のリーダーシップに対する認識が的を射ていたかどうかは、問題ではなかったのです。

リーダーシップにはいろいろなスタイルがあるはずです。それを模索しながら、自分なりのリーダーシップスタイルを確立していく。

HBSの面接担当者は、そういう意識や行動の一片を知りたかったのです。小さなリーダーシップ体験を積み上げていくことで、それが将来大きなリーダーシップに成長していく。私は、そう信じて、一瞬一瞬を大事にしていきたいと心がけています。

15 「オーナーシップ」がリーダーシップの第一歩

一人一人がリーダーシップを発揮するとは、まさに、言うは易《やす》く行うは難し、ですね。組織やチームを率いる正式な役職に就いていれば、自《おの》ずとリーダーシップを発揮しようという気持ちが生まれます。チームの一構成員である立場で、いきなり、一人一人がリーダーシップを発揮しよう、と考えることは容易ではないですね。

一人一人がリーダーシップを発揮するための第一歩として、HBSで徹底されるアプローチがあります。それは、「オーナーシップ」を高める訓練です。

ゴールドマン・サックスの先輩の指摘

オーナーシップとは、訳すと「当事者意識」。目の前の課題を、自分のものととらえること。目の前の仕事を自分の仕事と認識する意識。

逆に、目の前の問題は、自分には関係ない。自分でなくても、誰かがやるだろう。自分は最初にやらなくても良いだろう。こういう無関心、他人任せは、オーナーシップとは正反対の発想です。

HBSでは、在学中に、繰り返しケース・スタディのディスカッションを行います。実在する会社・組織のある人物に焦点をあて、その主人公の直面する課題を、学生皆が当事者意識をもって、議論をするのです。

「自分ならどうするのか？」と自問を繰り返し、アクションプランまで落とし込んでいきます。まさに、他人任せでは許されず、オーナーシップを植え付けられる絶好の訓練です。

オーナーシップが高まると、自然と最初の一歩を踏み出すきっかけが生まれていきます。

私は、ゴールドマン・サックスの新人時代、先輩に指摘を受けたことがあります。あるプロジェクトを一緒に担当していた時のことです。私は先輩から、「もっとオーナーシップをもって取り組みなさい」と指摘されました。当時の私は、自分はジュニアな立場だから、自分が率先して動き出すものではない、と考えていました。その意識により私の取り組みは、後手後手となっていました。

つまり、私には、オーナーシップが欠けていて、小さなリーダーシップを積み重ねていなかったのです。

オーナーシップがあれば、そのプロジェクトは自分のプロジェクトだ。自分が率先してやるのだ。自分が動かなければ誰もやらない。自分がやらなければプロジェクトの存続が危ない……と考えます。こういう意識があれば、自然とチーム内で、課題に率先して着手したでしょう。

そのアドバイスを聞いてから自分のプロジェクトに対して、わが子のような気持ちが湧くようになりました。結果、私はプロジェクトに取り組むことが楽しくなりました。

実際は、先輩、上司がリードしてくれたプロジェクトの一端を担えただけに過ぎないのですが、それでも、自分のメンタリティが変わるだけで、仕事への取り組み方が変わりました。仕事が楽しくなる、という副産物もありました。

マッキンゼーがリーダーシップを求める理由

マッキンゼーでは、求める人物像の一つとしてリーダーシップを挙げています。その理由の一つは、クライアントの抱える経営課題は複雑で、それを解決するためには、人の物まねではない、ゼロベースの解を導き出せる思考が重要だからです。後追いの発想では、課題解決が難しいのです。

そして、マッキンゼーがリーダーシップ要素を求めるもう一つの理由は、クライアントの抱える課題を、真の意味で、自分の課題ととらえる意識をもつことが重要だからです。

理屈は通っているのだけれど、実現性の低い提言をしても価値は生まれません。コンサルタントとして、クライアントの経営課題解決に携わるにあたり、あくまでクライアントの課題であって自分の課題ではないという意識が心の奥底に潜んでいては、コンサルタントは務まりません。

いくら、プロフェッショナル意識が強く、目の前の仕事に100%取り組んでも、他人の課題ととらえていては、課題解決に対する危機感が強まらないばかりか、分析や発想が深まっていきません。

プロジェクトを共にするクライアントチームの痛みを、自分の痛みとして感じられるかどうかで、最終的にコンサルタントとしての価値が大きく変わってきます。

オーナーシップは、一人一人がリーダーシップを発揮するということだけにとどまらず、顧客に対して、本当の意味での、最良の提案をする際に、とても重要な要素でもあります。

営業マンとして、顧客の悩みを自分の悩みとして感じられるか。それとも、あくまで、他人事《ひとごと》として、表面的な提案をするのか。この意識の違いで、顧客成約率に差がでるばかりか、その後の顧客満足度にも雲泥の差が生じることになります。

オーナーシップを意識する際に、役に立つ発想があります。

それは、常日頃から、**目の前のさまざまな事象に対して、「自分ならどうするか?」と自問する癖をつけること**です。

「自分なら?」と自分を重ねる発想が、当事者意識を高めます。

そして、「どうするか?」と具体的な行動にまで考えを及ぼすことで、真に自分自身の課題とすることができるでしょう。

「自分ならどうするか?」という投げかけは、まさに、「正解のない問題を考える」良いアプローチでもあります。

「自分ならどうするか?」の自問を通じて、思考を深める実践ステップについては、次項で議論します。

常日頃から、さまざまな事象や課題に対して、他人事として認識をせず、自分がオーナーである、つまり、自分の問題だ、という認識をする癖をつけておくと、リーダーシップが高まっていきます。

私は、「自分ならどうするか?」をきっかけにしたオーナーシップを、普段から心がけています。

16 「自分ならどうする？」を問い続ける

「重要かつ難易度の高い仕事とは、正しい答えを見つけることではなく、正しい質問をすることだ」

"The important and difficult job is never to find the right answers, it is to find the right question."

ピーター・ドラッカー

「正解のない問題を考える」ことはリーダーシップの一つととらえられます。

なぜならば、「正解のない問題を考える」ことで、自らが率先して考え、率先して動き出すことができるからです。

率先するためには、ロールモデルがいないため、人の物まねはできません。その状況で解を見つけ出す。まさに、「正解のない問題を考える」ことそのものですね。

それでは、正解のない問題を考えることが大切であるにもかかわらず、なぜ、それを実践することは容易でないか、という点を考えてみたいと思います。

アクションなきコメンテーターにならない

まず「問題」自体を明確に認識しにくいことが挙げられるでしょう。しかし、正解があると、問題自体を特定しやすいものです。しかし、正解がないと、何が問題なのか、何が問いであるのか、見極めが難しいものです。

学校の試験問題は、正解から「問い」を作成し、ダミーの選択肢をちりばめて作ることがあります。

私たちは受験制度のなかで、常に、「問い」が設定されることに慣れてきました。しかしながら、「問い」自体を設定するという経験は、あまりしていないのです。「問い」さえあれば、答えは出せる。しかし、何に答えればよいのか、何が「問い」なのかが明確でないと、頭を働かせるにも、働かせにくいものですね。

ここで、「問い」を設定する際に役に立つアプローチを考えてみましょう。

それは、「自分だったらどうするだろうか?」と、目の前の事象に関して、自問することです。まさに、前項で議論をしたオーナーシップの第一歩です。

たとえば、日本の人口減少問題に関して、自分なりの意見を述べるとします。そこでは、「自分が総理大臣だったらどのように対処するだろうか?」と自問してみると、「問い」がぼんやりと定義されてくるものです。

そして、その際に重要なことは、「自分の意見は何?」と考えるのではなく、「自分だったらどうアクションをとるか?」というように、行動まで落とし込むことです。

当事者意識をもって、アクションまで落とし込むことが、具体的かつ建設的な自分なりの意見を考え出すきっかけになります。

ここで、もし、当事者意識をもって、「自分だったら」という想定がないとすると、現実性のない意見を述べてしまう可能性があります。

また、アクションまで落とし込まないとすると、ただのアイデアになってしまい、建設的なコメントになりません。

第三者の立場で、何か言おう、とすると、「何を、いつまでに、どうやって、どうする」という具体性にまで落ちてこない。

単に、総理大臣の判断は良いとか悪いとか感想を述べるだけのコメンテーターになってしまいます。

行動の土台となる解を導き出す

HBSでの2年間において、ケース・スタディを繰り返したことが私には非常に役に立ちました。

2年間の在学中に、週に13のケース・スタディ、一日平均2・5のケース・スタディをこなします。一日に、2・5人分の社長やリーダーに自分を置き換えて、意思決定の模擬体験をしました。

そのうちに、「自分だったらこうする」「なぜならば……」という、自分なりの解を考えるクセがつきました。

これを日常生活で応用できたら、良い訓練になります。

HBS卒業後も、私は、日頃から、この自問を繰り返すように努めています。

自分が会社の社長に就任したら、自国のリーダーに就任したら、明日のプレゼンテーションを上司の代わりに自分がやるとしたら……と置き換えてみると、「問い」が明確になり、当事者意識をもった、アクションに落とし込まれた具体的解を導き出す訓練になります。

日常には、正解のない問いを考える材料は、溢《あふ》れています。

当事者意識を大事にし、「自分ならばどうするか？」を考える癖をつけることはとても有効です。

人の意見を聞く前に、ネットで調べてしまう前に、まずは、自分なりに問いを設定し、解を導くことで、自分なりの意見は骨太になります。

そして、いつグループの責任者、会社の代表者になっても、堂々と対応できるという準備を積む土台になります。

リーダーシップとは、行動に移してこそのものでしょう。

そして、行動の土台となる自分なりの解を導き出すことが、リーダーシップの次の一歩といえるのではないでしょうか。

17 「正解のない問題」を考える5つのステップ

前項では、「正解のない問題」を設定するにあたり、「自分ならどうするか?」と自問することの有用性を議論しました。

本項では、そこから、自分なりの解を導き出すための、具体的なステップを紹介します。ステップは5つあります。

ステップ1:「自分ならどうするか?」と自問し「問い」を定義する

まず、「問題」「問い」を、無理矢理にでも設定することから始めます。その時に、役に立つ視点は、「自分ならどうするだろうか?」と自問することです。

ステップ2:「問い」に対して、自分なりの「解」を言い切ってみる

次に、その問いに対して、自分なりの解を出してみます。この時は、しっかりとした根拠がなく、漠然とした理由しか思いついていなくても大丈夫です。「私なら○○する」とまず言い切ってみます。

ステップ3：自分の「解」をバックアップする根拠を探す

そして、言い切った自分なりの「解」をサポートする理由、根拠を探します。結論となる「解」を言い切る際には、その根拠が思い浮かんでいることが多いでしょう。ここでは、その根拠をより明確にする、という言い方をしても良いです。

ステップ4：「解」を修正する

バックアップする根拠を探すうちに、自分の「解」への確信が強まっていくでしょう。逆に、根拠を明確にするうちに、自分の解が成り立たないと気づくこともあります。その時は、思い切ってステップ2に戻り、自分の解自体を修正する必要もあるでしょう。

ステップ5：「問い」「解」「根拠」を再整理して、自分の意見として明確にする

最後に、1～4のステップを踏んだうえで、「自分であれば、○○に関しては、△△と行動する。なぜならば、3つ理由がある。理由1は○○。理由2は△△。理由3は××」

と再整理します。

あなたが社長なら入社式で何を話すか？

具体的な例を挙げてみましょう。

たとえば、明日は会社の入社式があるとします。

その時、まず、「自分だったらどうするか？」を自問してみます。

ここでは、「自分が社長だったら、明日の入社式で新入社員たちに何を話すだろうか？」と問いかけてみる。ステップ1ですね。

仮に自分が人事部に属する若手社員の場合、当事者意識がなければ、何も考える必要はありません。しかし、ここで、あえて、自分が社長だったらどうするだろうか？　と自分に問いただしてみるのです。

自分が当事者だとすると、翌日にはアクションを取らなければならない。そうすると、目の前にある課題、すなわち「問い」が明確に見えてきます。

次に、自分が社長であったら、3つのことを伝える。1つ目は、会社のビジョン、2つ目は、会社の課題、3つ目は、新人たちへの期待。そして、そこで伝えるビジョンは世界No.1の通信会社になること。課題はグローバル化。そして新人たちへの期待はグローバルなチャレンジ精神、としましょう。この3つと言い切ってみることが、ステップ2ですね。

そして、なぜ、上記の3つのテーマを話すのか。理由を考えてみる。入社式は新人全員が一堂に会するチャンスであり、初日に目標を伝え、個人の目線を高めることが有効だから、としましょう。これがステップ3ですね。

4つ目のステップは、ステップ3の理由を、より、人に伝えるために整理をしてみることです。そして、必要に応じて解を修正します。

5つ目のステップとしては、結論＋根拠、という論理構成を明確にしてみることですね。

たとえば、まとめるとしたら次のようになります。


「私は、社長であれば、明日の入社式では、3つのことを話す。1つ目は会社のビジョン、2つ目は会社の課題、3つ目は新人への期待。なぜならば、3つの理由がある。1つめの理由は、社員の共通目標を入社1日目に統一することが組織の力を高めるから。2つ目の理由は、目標が『世界一』という高いものなので、社長自らが本気であることを示す必要があるから。そして3つ目の理由としては、会社のビジョンの実現と課題解決にむけては、社員一人一人がグローバルな競争力を高める意識が必要だから。以上、社長として、3つのポイントを明確に伝える必要があると考える」

仮説をどうアクションにつなげるか

ここでのポイントは、設定した「問い」に対して、まずとるべきアクションをはっきりと言い切ってみることです。そして、その理由・根拠を明確に述べてみることです。その際に、まず結論と根拠を言い切ったあとで、根拠をバックアップする、データや情報を集めることです。

バックアップ情報がないうちは、理由・根拠は、あくまで仮説のままです。それでも、まず仮説ベースでアクションまで言い切り、根拠も明確にすることです。

マッキンゼーでは、「仮説」という言葉をよく口にします。

まず仮説をたててみる（言い切ってみる）ことで、何を調べなければならないか、どのようなデータを集める必要があるか明確になります。

漠然とした感覚的なものではなく、事実と論理に基づいた経営判断を下すためのサポートをすることが、マッキンゼーの役割です。そのため、結論の根拠は事実に基づくことが鉄則です。

事実に基づいたアドバイスをすることを、「ファクトベース」と社内では呼びます。しかし、ファクトに基づき、論理の通ったアドバイスをするために、ファクト（事実、データ）を集めることを目的にしてしまっては、本末転倒です。

仮説思考とは、まず、アクションに落とし込んだ結論を明確にし、その結論の根拠として必要なファクトを集め、バックアップするというアプローチのことです。

これにより、無駄なリサーチ、データ集めをせず、結論となるアクションを明確にします。

まず、「自分ならどうするか？」を自問することで「問い」を定めたあとは、自分なりのアクションに落とし込んだ結論を言い切ってみる。

そして、それを支える根拠を、あとから探す、という思考の癖をつけることで、正解のない「問い」を考え、自分なりの意見を骨太にすることが可能になっていきます。この思考がリーダーシップの次の一歩でしょう。

18 アウトプットを前提に「読んだら3倍考える」

「読んだら3倍考える」とは、読んだ時間の3倍の時間を目安に、読書で学んだことをベースに考えることを表しています。正解のない「問題」に取り組み、自分なりの考えでリーダーシップを発揮する上で、とても有用なアプローチです。本項では、具体的に、「読んだら3倍考える」、をどう実践するかを、考えていきたいと思います。

読書の目的はさまざまあります。ここでは、自分なりに考え、行動することがリーダーシップであり、自分なりに考え、行動するために、読書を活用する、と読書の目的を定義してみましょう。

改めて漢字を眺めてみます。読書は、「書物を読む」と書きますね。「考える」の文字は入っていません。3倍考えるとは、すっきりしないですね。

まずは、なぜ、「読んだら3倍考える」、を実践することが容易でないかを考えてみたいと思います。理由は、2つあると考えます。

理由1：3倍考えるには労力が必要

文章を読むだけでも、大変な労力を要します。読んだ時間の3倍考えるとなると、1冊の読書に、読むだけの時間に対して合計4倍の時間がかかる計算になります。忙しいビジネスパーソンにとって、1冊の読書に4倍時間をかけるのは容易ではないでしょう。

理由2：考えるプロセスが不明確

「読んだら3倍考える」といった場合の「考える」とは、どういうことか。3倍考えるための具体的指針が明確でないことも、取り組みにくい理由でしょう。

読んだら3倍考える3つのステップ

本項では、後者に対応し、「読んだら3倍考える」、を実践する際のアプローチを考えていきます。

ここでは例として、拙著『世界のエリートはなぜ、「この基本」を大事にするのか？』

を取り上げ、3倍考えるアプローチを考えてみます。ステップは3つあります。

① 一つ一つの項目について、自分自身を採点する

拙著では、仕事の基本として48の項目を取り上げています。48の「基本」それぞれについて、100点満点中、自分を採点すると何点なのか、客観的視点で、自分自身を評価してみてはいかがでしょうか。

「基本」を知っていることと、実践できていることとは異なりますね。知っているし、実践できている項目が全体の何割か。ここでは、各項目について、100点満点中80点以上の評点をつけられる項目を「実践できている」と評価してみましょう。

一方で、知ってはいるけれど、やり切れていないことは全体の何割か。そして、やり切れていないことは、なぜ継続実践できていないのか。頭でわかっていても取り組めないものに、どう取り組むか。自分なりにアプローチを考えてみても効果的ですね。

② 自分流に項目を加除する

次のステップとしては、ご自身の後輩や部下に仕事の「基本」を伝える際、前著に記される48以外に、どのような項目を追加するべきか、また逆に、どの項目を削除すべきか、

考えてみてはいかがでしょうか。

必ずしも48にこだわる必要はありません。40でも良いですし、50でも良いでしょう。あるいは、10の重要事項に絞ってもよいでしょう。

③ 内容を伝える際のコミュニケーションを考える

最後に、ご自身でリストアップされた40なり、50なりの仕事の「基本」を、周囲の後輩や部下に実践させるには、どのようにコミュニケートするのが良いかを考えます。

「基本」である以上、後輩や部下がすでに知っている可能性は高い。その時に、その「基本」を、いかに実践できるように伝えていくか。ご自身や同僚の成功体験、失敗体験などを織り交ぜながら、どのように伝えるか。実践につながるような伝え方を考えます。

アウトプットのための読書

上記の3ステップに共通していることがありますね。

それは、どのステップでも、「自分なら〜?」の自問が含まれていることです。

「自分なら、何点か？」
「自分なら、何を『基本』とするか？」
「自分なら、どう伝えるか？」

ご自身なりの仕事の「基本」を作成するにあたり、ノートに書き出してみると、有効でしょう。自分の仕事の「基本」を作成することで、ご自身の仕事を振り返る軸ともなりえます。

「読んだら3倍考える」の目的は、読書の目的を情報のインプットだけにせず、読書から得られた知識や学びを、いかにアウトプットするか、ということです。

アウトプットすることを意識すると、読書のインプット作業のクオリティが劇的に上がるでしょう。

受け身の読み方から、一文一文を自分の体験に重ね合わせることで、インプット自体のクオリティも格段に上がるはずです。そして、さらにそれがアウトプットにつながるのであれば、実践的な学びともなるはずです。

ぜひ、「自分ならどうするか？」の自問をきっかけに、「読んだら3倍考える」を実践してみてください。

19 いつでもハンドルを握れるフォロワーを目指す

2004年7月、当時イリノイ州の州議会議員であったオバマ氏は、当時の民主党大統領候補者であるジョン・ケリー上院議員の応援演説に全力を投入します。

主役は代わり、4年後の2008年、大統領選に立候補したオバマ氏の応援演説に登壇したのはキャロライン・ケネディ氏。ケネディ氏の支持も貢献して、初の黒人米国大統領が誕生しました。

2004年のオバマ氏、2008年のケネディ氏ともに、当時から強いリーダーシップを発揮している人物です。彼らがなぜケリー候補、オバマ候補を支持したのか。もちろん、そこには、応援することによる、自分自身への利益の想定もあったでしょう。

しかし、それだけだったでしょうか。民主党という党の利益、米国という一国の利益を考えた時、相応《ふさわ》しいリーダーを選ぼうという気持ちが当然あったでしょう。

自らが強いリーダーだからこそ、その時々のチームの利益を考えて、相応しいリーダーを選び、選んだリーダーを支える。つまり、リーダーシップを発揮して、全力でフォロワーを務める。それは、矛盾しているようにも聞こえます。

良いリーダーが良いフォロワーになる理由

ＨＢＳの学生というと、「俺が、俺が」という前に出るタイプばかりが想像されがちです。事実、押し出しが強いクラスメートが多いことは否定しません。しかし、不思議なことに、グループでの活動となると、強烈な団結力とチームワークを発揮します。

リーダーシップの経験が豊富で、かつ、リーダーシップ意識が高い人たちが集まるグループでは、ひとたびリーダーを決めると、他の人はしっかりとフォローをするのです。つまり、リーダーシップ意識の高い人は、良いフォロワーになるともいえるのではないでしょうか。この場合、フォロワーとは、グループの方向性や成果に無関心で人任せの人ではありません。

方針を決めるまでは、一人一人が当事者意識をもって議論をつくす。そして、一旦決めたことに対してはリーダーの決断に従い、一致団結して進んでいく。仮に、結果がうまくいかなくてもリーダーだけを批判せず、皆で意見を出し合い、一人一人が改善に向けて努力する。

良いリーダーとは良いフォロワーになる人といえるのではないでしょうか。なぜなら、自らがリーダーの立場に立ったらどうするか、と常に自分に重ねて考えているからです。

リーダーシップ意識のないフォロワーは、自分とリーダーとの間に境界線を引きます。そのため、リーダーを軽々しく批判してしまうし、無関心に陥ることもあります。

逆にリーダーシップ意識の強いフォロワーは、いつでも自分が組織のトップになってリーダーを務める準備ができています。

車の助手席に乗りながら、常に、自分が運転席に乗ることを想定していれば、いざという時に、すぐに運転席に座ることができます。それが、助手席に助手として座っていると、いざという時に運転席には移ることはできません。

大事なことは、自分自身が、正式にリーダーとしてのポジションに就いていようがいまいが、率先して取り組むこと。正式にリーダーを務める時は、自信をもって堂々とリーダーを務める。もし、他のメンバーがリーダーを務める場合は、自分は良きフォロワーとなり、リーダーを支える。

各人のこうした在り方が、チーム全体の成果を最大化するのではないでしょうか。

Chapter 3 Summary

★ 自分が率先して動く“リーダー”はチームに何人いてもいい

★ 小さなリーダーシップ経験を積み重ねる

★ 何事にも「自分ならどうするか?」と自問するクセをつける

★ 意見は具体的なアクションとセットで考える

★ 仮説を立て、ファクトを集め、意見を骨太にする

★ 読書は内容と自分を照らし合わせて咀嚼《そしやく》する

★ 良きフォロワーはいつでも良きリーダーになれる

Chapter

4

チーム成果を最重視する

20 「個」の力をチームプレーに振り向ける

「野球人生の中であんなに恐怖を感じた打席はなかった」

イチロー

メジャーリーグのイチロー選手が、「個」として超一流プレーヤーであることに疑いをもつ人はいないでしょう。

私は、そのイチロー選手が、リーダーシップとチームワークを両立する超一流のプレーヤーだと、改めて強く感じた時が2度あります。

1つ目は、ワールド・ベースボール・クラシック（WBC）でのイチロー選手の活躍ぶりを見た時でした。日頃、個人の成績がとかく注目されるイチロー選手ですが、日本代表のチームに加わった時は、誰よりも、「個」の力を「チーム」の成果に振り向けていたように感じました。

冒頭に掲げた言葉は、イチロー選手が、2009年に行われた第2回WBCにおける韓国との決勝戦について述べたものです。延長10回に勝ち越しタイムリーを放った時を、後から振り返った言葉です。

大会を通じて大不振であった決勝の一戦。相当なプレッシャーだったのでしょう。メジャーリーグの歴史に残るイチロー選手。個人としての成績は申し分ありません。そんなイチロー選手が、チームへの貢献を意識した時に、かつてないほどのプレッシャーを感じたというのです。そして、私は、そこで結果を出す姿に強烈なリーダーシップとチームプレーの意識を感じ、身震いしました。

2つ目の出来事は、2012年にイチロー選手がシアトル・マリナーズからニューヨーク・ヤンキースに移籍したことです。

マリナーズに所属していた時期は、チームの成果が結果に表れにくく、イチロー選手は、「個」の成績にフォーカスし、その活躍もチーム成果に結びついていないような印象をもっていました。

しかし、移籍先のニューヨーク・ヤンキースは常勝軍団であり、「個」の努力が「チーム」の成果に結びつきやすい。移籍後は、「個」を「チーム」の成果のために、最大限発揮しようと努力しているイチロー選手の姿が、より顕在化したように感じています。

ヤンキースでは、マリナーズ時代の定位置であった一番打者にもこだわらずに、得られる出場機会の中で、最大限にチーム貢献しようと努力をしている印象です。

そのため、マリナーズ所属時には、チームの成果を重視するイチロー選手の姿が単に見えにくかっただけではないかと、私は考えるようになりました。

本来は、「個」と「チーム」を結びつけている強烈なリーダーシップをもった選手なのではないでしょうか。

なぜGSはトップで居続けられるのか

ゴールドマン・サックスの入社面接で、私は次の質問をしました。

「ゴールドマン・サックスが、世界の金融業界で先頭を走る理由は何ですか？　他のグローバル金融機関と何が違うのですか？」

当時の面接担当者であった先輩社員たちは、皆口々に同じことを言いました。

「米国系の金融機関というと、個人の成果や能力に注目されがちだが、実は、ゴールドマンは、チームプレーができる人を求めている。社内にはそういうタイプの人が集まっている」

リーダーシップは採用時点の最重要要素です。「個」が強くなければ蹴落とされてしまうような投資銀行業界では、「個」の意識の非常に強い人たちが集まります。

しかし、そのような候補者に対して、「個」も大事だが、最終的には「チーム」の成果を大事にすることが重要だ、ということを、徹底して伝えるのです。

GSがチームワークを重視する2つの理由

ゴールドマン・サックスの上司、先輩、同僚たちには、リーダーシップの強い人が多いです。自分の意見を明確にもっているし、自ら率先して動く人が多い。

そうして動いたその先に現れるのが、チームや組織の成果です。

個人の成績だけを追いかけている人は、評価されません。では、なぜ、そういう人が多いのでしょうか？

理由は２つあると考えます。

１つ目は、採用時点で、リーダーシップが強く、かつ、チームプレーのできる人材を選んでいることです。自ら考え、自ら率先して動き出せる人を求めている。そして、同時に大事なことは、自ら動き出す方向です。

率先して動き出しても、自分の利益だけを追求しているのであれば、チームに貢献できません。チームの成果に貢献するために、動き出せる人、仲間を先導できる人、そういう人が求められます。

２つ目は、一旦、前述のようなリーダーシップとチームプレーを両立できる人材が集まると、チームのカルチャーも、よりリーダーシップとチームプレーを大事にするものに変化していくということです。鶏と卵の議論です。

組織のカルチャーは、短期間で築けるものではないでしょう。

チームプレーに徹する仲間をお互いが評価する。

だからこそ、チームメンバーがチーム成果を重視する。

そして、そのチームメンバーを見ていた他のメンバーも、チーム成果を重視するように考え、行動する。

こういった循環が生まれ、徐々に「個」と「チームプレー」を両立するカルチャーができあがってきたのだと思います。

そもそも、リーダーシップとは、どのような場に必要になるのでしょうか？

リーダーシップは、一人ではなく、人が何人もいるからこそ、必要になる要素ですね。人が複数いれば、チームができあがる。そこで、チーム成果を最大化できるよう、構成メンバーの一人一人が発揮するのがリーダーシップということです。

その意味で、リーダーシップとチームワークというのは、そもそも表裏一体のもので、片方が片方と相反《あい》することはないものでしょう。

逆に言えば、「個」の打ち出しが強く、ぐいぐいと前に出る人物は、リーダーシップの重要な一要素を有しているが、リーダーとしては未成熟ということになるのではないでしょうか。

「個」の力を、「チーム」の成果に結びつけ、チームのために「個」を活用できてはじめて、リーダーシップと呼べるのでしょう。

21 「ギブ&テイク」より「シェア&シェア」

マッキンゼー時代、クライアント企業の戦略立案プロジェクトに関わり、ある特定業界のリサーチで壁にぶつかっていた時のことです。その業界のエキスパートのコンサルタントがフランクフルトオフィスにいることを知り、早速彼女にコンタクトをとったところ、2日後には電話会議が設定されました。

彼女は多忙なスケジュールを調整し、移動中の空港から電話口に出てくれました。快くディスカッションに応じてくれ、自分の知る限りの知識を、守秘義務の範囲内で共有してくれたのです。

そこには、自分のノウハウ、経験、知識を一人で囲い込み、キャリアを勝ち抜こうという意識は微塵《みじん》も感じられませんでした。このようなことは、マッキンゼーでは日常茶飯事の光景です。

ゴールドマン・サックスでのことです。国内では取引実績の少ない資金調達案件に携っていた時、そうした取引に詳しいロンドンオフィスのエキスパートバンカーに連絡すると、半日後には、守秘義務の範囲で、ノウハウを共有してくれました。

時差を調整しての電話会議にも快く応じてくれ、強行スケジュールで出張をねじ込んでまでして、東京オフィスにやってきてくれたのです。こうしたことはゴールドマン・サックスで頻繁に見られる光景です。

シェアは「利チーム主義」

「ギブ&テイク」という言葉をよく耳にします。ギブ（与える）、テイク（受け取る）は、持ちつ持たれつという考え方です。

それでは、ゴールドマン・サックスとマッキンゼーでのチームプレーは、「ギブ&テイク」の精神で説明できるでしょうか？

実は、別の表現がより適しているように考えられます。私は、その精神を**「シェア&シェア」**と表現するのが良いのではないかと考えています。

ギブ、テイクという言葉には、与える側と受け取る側の線引きが明確です。そこではモノ、情報、金銭などの流れが矢印で表されます。相手に矢印を向けたあとは、次は自分に矢印が向いてほしい、という気持ちが湧くものです。

ギブという意識では、いつかテイクできることをつい期待してしまう。ずっとギブできる人は利他主義を徹底できる人です。テイクばかりの人は、利己主義の強い人です。

「シェア&シェア」には、矢印がありません。各人は、チームに対して、自分の存在価値を認めてもらう機会として、積極的に自分の提供できるモノ、情報をシェア（共有）します。そこでは、自分がシェアすることで、自分の価値をチームに認めてもらえる。まさに、自己実現です。

仲間を助けて自分の価値があがる。とてもありがたいことですね。そして、シェアすることで、結果的に相手にも感謝される。まさに、2度おいしいです。

「シェア&シェア」は、利他主義でもなく、利己主義でもなく、利チーム主義。あなた（You）または私（I）ではなくて、常に私たち（We）が根底にある考え方です。

「自分のため=人のため」という意識

「シェア&シェア」の根底にあるドライバー（推進力）を、もう一度整理してみましょう。

2つ挙げられます。

① チーム貢献を通じて、自分の存在価値を示す自己実現の意識

② チーム貢献を通じて、他人を助ける利他主義の意識

つまり、①は自分のためであり、②は他人のため。チームの成果＝自分の成果という意識があれば、「シェア&シェア」は単に人のためにやっているのではなく、自分のためでもあるのです。

「人のために」は理想的な考えではありますが、ビジネスの場では継続するのは容易ではないでしょう。自分のため＝人のため、であれば、迷いなく、全力で自分のもっているモノ、情報を提供できる。シェアできるでしょう。

アップオアアウト（Up or Out＝出世かクビか）と呼ばれるように、昇進の競争が熾烈《しれつ》で、成果と人事評価の結びつきが明確なゴールドマン・サックス、マッキンゼーのような厳しい職場環境でも、「個」の利益だけに走らない。それは「個」と「チーム」の方向が一致しているからでしょう。「ギブ&テイク」の意識はむしろ低く、いわば「シェア&シェア」の意識が徹底されています。

プロフェッショナルはチームメートに寛容

では、「シェア&シェア」という意識は、どこから始めれば良いでしょうか？難しいことではありませんね。「人のために」、「友人、知人を助けよう」という利他の気持ちを大事にする。そして、チームの成果出しに、自分ならどう貢献するか？を自問することです。

この自問により、自然と、自分のできること、自分の知っていること、自分の経験したこと、などをチームにシェアしようという意識が生まれてくる。まさに、自分の存在価値を示すために、自分の知恵と労力をシェアする気持ちが生まれてくるでしょう。

自分が率先してチームの成果を上げる、という意識が自分自身のリーダーシップを強め、チーム内での自分の存在価値も上がり、かつ、結果としてチームメートから感謝される。ゴールドマン・サックス、マッキンゼーのプロフェッショナルが、なぜ、チームメートに寛容なのか。

実は、その根底にあるのは、単なる利他主義ではなく、自己実現の意識なのです。それが、「シェア&シェア」をドライブしているのでしょう。

22 「自分を知る」から始めるチーム貢献

チームの成果を最大化するために、自らが率先して考え、動き出す。

リーダーシップの意識です。

自分の経験、知識、能力、スキルを積極的にチームメートに共有していく。

「ギブ&テイク」から「シェア&シェア」への意識転換です。

では、チームの成果を最大化することを意識した場合に、何から始めれば良いでしょうか？

自ら考え、行動する際には、どの方向に、どのように動き出せば良いのでしょうか。

チームに自分の経験、ノウハウをシェアするとして、何をシェアすれば良いのでしょうか？

責任感があり、チーム貢献の意欲がある人は、次に何に手をつければ良いでしょうか？

ベンチの選手は、サポーターは、何ができるか

サッカーのW杯の時には、多くの人が自国の代表チームを一生懸命応援します。ピッチに立たない自分たちに何ができるか。それは、ただ一つ、全力で応援するだけです。サポーターとしてできることはその一つです。

では、グラウンドに立つ選手はどう考えるでしょうか？

自分が選手であれば、自分の力を信じ、チームメートを信じ、全力を出し切ること。そして自分の強み、弱みを分析し、自分ならチームに貢献できるポジションはどこか、を考えるでしょう。一つのポジションをめぐって、チームで複数のプレーヤーが競争すれば、ポジション争いが、チーム全体の力を底上げしていくでしょう。しかし、皆が皆同一のポジションを争うのではチームになりません。その結果、どこかのポジションに穴があいてしまっても、ゲームになりませんね。

どのポジションであれば、自分が試合に出場する機会を得て、チームに貢献でき、かつ実践の場を通じて経験を積み上げ、ステップアップできるのか。

やはり、まず、ここをしっかりと時間をかけて考えることが、長期的に良い結果を生む

のではないでしょうか。

自分はどんな貢献ができるかを考える

私たちビジネスパーソンの世界でも、アスリートと同じことが言えるのではないでしょうか。

会社のなかで、部署のなかで、目の前のプロジェクトのなかで、自分はどのようにチームに貢献できるのか。

チームに貢献したくても、貢献の仕方があいまいであれば、力を発揮することは難しいでしょう。

自分が、なぜ会社に、部署に、プロジェクトに必要なのか、そこで、どう力を発揮するのか、ということは、とても重要な視点ですね。

会社の上司や人事部が、社員を評価し、社内のローテーションを決定し、社員は、部署を移り経験を積み上げる。

自分から働きかけられる余地が大きくないとしても、社内の人事に対して完全に受け身では、会社に貢献するのは難しく、自分の成長も望めないでしょう。

上司や人事部が、社員の一人一人の強みと弱みを正確に把握して彼らを最適の仕事に就かせるのは、容易なことではないでしょう。

むしろ、自分で自分自身をしっかりと把握し、自分から積極的に、やりたい仕事、貢献できる仕事をイメージし、つかみ取っていく意識が大事です。

そのために、まず必要なことは、自分を知ることです。

意外と自分は自分を知らないものですよね。

友人に指摘を受けて、自分はそんな人物だったのかな、と思うことがあります。他人から見た自分が的を射ている場合と、そうでない場合があります。

自分が自分を知ろうとしても常に正確に把握できる保証はありません。

しかし、まずは、少なくとも、自分で自分をよく知ろう、という努力は大切です。

まず、自分を知ること。

これが、チームへの貢献場所を見つける最初のステップといえるでしょう。しっかりと、時間をかけて、自分を知る努力をしていきたいものです。

23 「自分レジュメ」をアップデートする

「自分を知る」には、振り返りと目標設定が有効です。振り返りは、第1章で、目標設定は、第5章で詳しく触れています。そして、振り返りと目標設定に有効なのは、本著で触れた「自分ノート」の活用です。自分の過去をしっかりと振り返ると、強みと弱みが見えてきます。それを踏まえて、今後どちらの方向に行きたいのかを考える。

この後ろと前を見ることで、自分が貢献できる場所、とるべきポジションが見えてきます。

次に、具体的に、自分のキャリアの上で、どうポジション取りをするのか。

転職希望者であれば、職務経歴書を用意するのが一般的でしょう。そこでは、職務経歴書と、それまでの振り返りから見える過去、目標設定から見える将来、これらのつながりが弱いと、希望する転職は実現しにくいはずです。

そして、結果的に、迷った挙句、自分の目標とは異なるキャリアを選び、希望していなかった会社に入社してしまうこともあるでしょう。

転職をするかどうかとは無関係に、ビジネスパーソンにとっては、自分のキャリア上の強みと弱み、目標を明確にしておくことは重要ですね。

そして、そこで有用なのが、「自分レジュメ」を定期的にアップデートすることです。

自分の強みと弱みがわかる自分レジュメ

自分レジュメといっても、外部に提出するように細かなフォーマットを決め、詳細を書き上げる必要はありません。

自分ノートを開き、入社した動機と目的、中期的に自分のやりたいこと、そして、今自分ができること、をリストアップしていきます。

そして、今後の目標と今とのギャップを埋めるために、今後、社内でどのような仕事を担当し経験を積みたいか、そして、その仕事にどんなスキルが必要で、自分に足りないか、を考えていきます。

自分レジュメ❶　目標管理用

入社年月日　　　　　年　　　月　　　日

・入社した動機と目的

・中期的に自分のやりたいこと

・今、自分ができること

・今後、社内でどのような経験を積みたいか?

・今後、どんなスキルを身につけたいか?

次に、その業務を担当する上司や人事部に自分を売り込むための材料を、リストアップしていきます。実際に、自分レジュメをもって、人事部や、担当部長に直談判《じかだんぱん》するかどうかは別の議論としましょう。どうしても、その業務を担当したければ、そうすることもあるでしょう。

まずは、自分がやりたい業務とは何か。今ならどのような仕事を通じて、チームに貢献できるのか。目指す役割を担うには、自分に何が足りないか。これらを明確にしてみることに大きな価値があるのです。

マッキンゼーでは、社内のプロジェクトに常に自動的に割り振られるとは限りません。ただし、社内の機会均等と一部社員のオーバーワークを避けるために、プロジェクトから外れている状態が長く続くこともありません。

実力のあるコンサルタント、専門性の高いプロフェッショナル、今後の成長が見込まれる若手社員は、多くのプロジェクトから引っ張りだこです。

しかし、その一方で、スキルが明確でない社員、自分の希望する業務が不明確な社員に、次のプロジェクトが割り当てられるのは、後回しになります。

実際に、新しいプロジェクトが始まる際には、プロジェクトリーダーが、水面下で、仲間にしたいコンサルタントに声をかけ、次回プロジェクトへの参加が可能かどうか、それを希望するかどうか、のヒアリングをします。

逆に、将来、自分がやりたいプロジェクトがあれば、関連プロジェクトのリーダーに対して、事前にその希望を伝え、自分の貢献できるところを売り込むことも日常茶飯事です。つまり、プロジェクトメンバーは、公式には、プロジェクトが始まる直前に固まるのですが、コアメンバーは、その前に決まっているのです。

チームリーダー側の都合を考えてみれば当然のことでしょう。チームメンバーがいなくては、プロジェクトは始まりません。

業務責任者としては、チームをどのようなメンバー構成とすべきか、具体的に誰がどういう役割を担うのかに早い段階で目星をつけておく必要があります。

同様のことはゴールドマン・サックスでもあてはまります。そしてこのことは、マッキンゼー、ゴールドマンに限らず、どの会社、どの組織、どのチームにおいても、同じでしょう。

上司も人事部もあなたの実力を測りきれない

良い成果を出すには、良いメンバーが必要です。メンバー選びは、とても大切なステップです。チームは、まず、貢献能力の明確なコアメンバーから一人ずつ決まっていくものです。

現場から離れた人事部が、すべての社員の強みと弱みを正確に把握することは不可能です。部署の責任者としても、所属部員の適性や能力をすべて把握することは容易ではないでしょう。

だからこそ、まずは、自分で自分をよく知り、自分の貢献箇所を明確にすることが必要になってくるのです。

所属する組織、部署によって、自分を売り込むことが可能な会社、それをポジティブにとらえてくれる会社、あるいは、売り込んで効果のある会社と、そうでない会社とがあるでしょう。

さらには、自分を売り込む前に、目の前の与えられた仕事で成果を出さなければ説得力をもたないこともあるでしょう。

それでも、まずは、自分が社内において、どう貢献できるのか、これを明確にしておくことは、今後の成長のうえで、非常に有用なことといえるでしょう。

自分レジュメ❷　仮想提出用

入社してから担当した／関わった仕事（直近からさかのぼって書いていく）

時期	プロジェクト／担当名	内容	身に着けたスキル

前職までに担当した／関わった仕事

時期	プロジェクト／担当名	内容	身に着けたスキル

社内のチームに貢献できる自分の強み
（単なる自分の強みではなく、どう貢献できるのかを意識して書く）

1

2

3

自分のアピールポイント

1

2

3

24 目の前の仕事と組織にのめりこんでみる

本著で、私はゴールドマン・サックス、マッキンゼー、ハーバードを、繰り返し、肯定しています。

これらの会社、学校から得た学びをテーマにしている本なので、当然といえば当然ですが、私が肯定する理由は2つあります。

1つ目の理由は、私は意識して、自分の属した会社と学校をポジティブにとらえようとしているからです。

自分が属した会社や学校を肯定的にとらえなければ、学びは生まれにくいものでしょう。自分の属した場での経験が100％すべてポジティブなもの、ということはなかなかないものです。しかし、全体を、ネガティブな視点でとらえるのか、ポジティブな視点でとらえるのか、によって学びの大きさが変わります。

所属にプライドを持つことの重要性

二つ目の理由は、私自身が、自分の属していた会社、組織、チーム、学校に、その瞬間その瞬間のめりこんでいた、ということでもあります。

ゴールドマン・サックス、マッキンゼーの両社は、社員教育を重視します。グローバルな結束やコミットメントを大事にします。そして、社員には、プライドをもって仕事に臨むことを求めています。

そのため、社内では、さまざまな場面において自分たちがいかに重要な存在か、どれだけの価値を世の中に提供しているのか、そして、そこに属し、日々切磋琢磨《せっさたくま》する自分たちが、いかに価値ある存在か、ということを言い聞かせます。

つまり、自分と自分の属する組織に対する自尊心を植え付けるのです。

それにより、社員一人一人が自分の仕事にプライドをもち、一生懸命努力をする。その結果、成果がでるし、個人が成長する。

成果がでれば、社外からの評価と評判が上がり、さらに仕事が増える。

そこで、良い成果を出せれば、さらにプライドが上がり、努力をする。こういう好循環が生まれています。

実際、ゴールドマン・サックス、マッキンゼーの社員は、自社に対するプライドが非常に高いです。そして、ハーバードの学生も同様に自校に誇りをもっています。

もちろん、業界№1である実績や、教育機関としてトップの評価を得ていることが、自尊心を高めていることは否定しません。しかし、それだけでは、自尊心をもったチームはできあがらないはずです。

まずは、一人一人が、会社に入社したら、学校に入学したら、そのチームにのめりこんでみる、そして、その組織を信じてみる、ということが重要になります。

組織を批判する前にできることをやる

結局、そのチームに加わった以上、チームを批判すれば、そのチームに属する自分を批判しているのと同じです。友人や家族に、自分の会社の愚痴を言ったとしましょう。聞かされている相手は、次のように思うでしょう。

「つらいのは、わかるのだけれどね……。なぜ、その会社を選んだのだろう?」

自分の会社や組織を批判するよりも、まずは、一旦のめりこんでみる。


社内の人とどっぷりと仕事をしてみる。

同僚、先輩、上司、後輩から、できるだけ学んでみる。

そうすることで、一定期間継続すると、組織が変わるかもしれません。ポジティブな自分の存在により、周囲が変わるかもしれません。

そして、そのポジティブ思考と努力により、結果、自分が成長できるはずです。

まずは、チームにのめりこんでみる、という姿勢が大事になってくるでしょう。

自分の目の前の環境をポジティブに見るか、ネガティブに見るかは、結局、自分の気持ちの持ちようでもあるのでしょう。

のめりこめば、実は、予期せぬ学びがあるかもしれません。あるいは、予期せぬ出会いや「つながり」があることでしょう。

まずは、一定期間、目の前の組織や環境にどっぷりとのめりこみ、できるだけのことをしてみる。そういうアプローチが有効なのでしょう。

25 「5分間仕事術」3つのステップ

引き受けた仕事は、その場で5分間限定で取り組むことで仕事のクオリティは高まります。本項では、5分間限定で仕事をする際の、具体的な実践方法について議論をしたいと思います。

上司から部下へ、クライアントから取引先へ、あるいは、潜在顧客から営業担当者へ、とさまざまな依頼の関係があるでしょう。依頼内容の性質は異なってくるとしても、どれもチーム内での仕事の分担ととらえることができます。チーム成果を最大化するために、引き受けた仕事の成果を出すために、本項で取り上げていきます。

仕事を引き受けた際に明確にしておくべきことは3つあります。

・締め切り

・目的
・アウトプットイメージの共有

アウトプットイメージ共有の重要性

締め切りと目的を明確にする必要性については、議論する必要はないでしょう。締め切りが明確でなければ、いつ提供すればよいか不明確ですし、仕事の目的が明確でなければ、やるべきことが定義もされず、成果を出すことは当然できません。

では、3つ目の「アウトプットイメージを共有すること」の意味は何でしょうか？

締め切りと目的さえ明確であれば、あとは仕事を任せてもらい、成果を出すことは理論上可能です。

しかし、多くの場合、仕事の依頼側は、締め切りと目的を明確にする際に、その仕事がどの程度の時間と労力を要するのか、目的を達成するために、どのようなアウトプットが必要なのか、そもそも設定した目的自体が現実的な目的なのかどうか、について、十分詰めきれていないケースが多いものです。

締め切りと目的だけを明確にし、いざ仕事に取り掛かろうとした際に、当初合意した1

週間では到底やり切れない仕事であると判明することもあるでしょう。

あるいは、時間という制約だけでなく、自分がその仕事をこなすだけのスキルとリソースを持ち得ていないこともありえます。

さらには、仕事の依頼者は、プロジェクト全体の期限に追われているため、とにかく、何かに手を付けておきたいと考えて、仕事の断片を目の前の私たちに依頼する、ということも考えられます。

ここで、アウトプットイメージを共有することが役に立ちます。

「〇〇のような数値データを用いて分析することで、××という仮説を検証すればよいのですね？」と、確認をするだけで、そもそもその仕事の締切、必要なスキルとリソースの現実性や、目的のずれを確認できます。

さらには、アウトプットイメージを、その場で共有しておくことで、依頼者側の期待値をその場で設定することができます。

まず、早い段階で期待値を設定してしまうことはとても重要です。

5分間でチェックするポイント

それでは、5分間限定で仕事に取り組む際の具体的なステップを議論しましょう。
まず仕事を引き受け、自分のデスクに戻ったら次の3つのステップに取り組みます。

①　締め切り、目的、アウトプットイメージを再確認する

その際に、会議中は書ききれなかったメモを整理し、引き受けた仕事の目的を明確にします。そして、上記3つに不明点があれば、その場ですぐに依頼者のところに出向くなり、電話をかけるなりして、確認します。

②　作業スケジュールを立てる

締め切りから逆算をし、いつまでに何をしなければならないかを、細かく設定していきます。何かの突発的なトラブルが発生するリスクを考慮し、締め切り日を、1日早めて計画づくりをすると良いでしょう。

その際には、中間報告をするタイミング、質問をするタイミングも、仕事の依頼者のスケジュールを考慮し、計画に入れ込みます。さらに、手帳やスケジューラー上で自分の作業時間をブロックするようにします。

③ 初動にとりかかる

まず、時間のかかることに取り組みます。

たとえば、外部の協力者にアポイントを入れる。資料収集を知人や社内に依頼する。これらの仕事は、締め切り日の前日に始めては、手遅れですね。

作業スケジューリングのポイント

作業スケジュールを立てる際には、次の2点を注意するとよいでしょう。

① 中間報告のタイミングを当初の段階でしっかり予定する

アウトプットを一度きりの本番に依存するのにはリスクを伴います。

仕事の依頼者にとっても、途中経過を知ることができる方が、安心できます。方向性がずれていれば、中間報告以降に、軌道修正をすることも可能です。

中間報告は、必要に応じて、双方のスケジュールがあえば、というスタンスにすると、時間を確保できないことが多々あります。当初から予定をし、仕事を進めながら、中間報告が不要であると判断できる場合は、双方の予定をキャンセルすれば済むことです。

あえて、当初の段階から、中間報告、質問の場を設定しておくことが賢明です。

② 作業時間を「自分とのアポイントメント」と位置付け、厳格に管理する

明日の午後の隙間時間を使って作業をしよう、というような緩いスケジューリングをすると、結果、自分の作業時間を確保できなくなることは多々あります。

自分の作業時間も、「もう一人の自分」とのアポイントメントとして、厳格に予定を管理する方が良いでしょう。

締め切り、目的、アウトプットイメージの確認を済ませ、作業スケジュールを立て、残りの時間で初動に移る。この3つに取り掛かりさえすれば、仕掛かり中の他の仕事に戻っても、効率よく、複数の仕事をこなせるでしょう。

5分間限定で取り組むと、自分の中にアンテナが立ち、他の仕事をしていても閃《ひらめ》きがあることがあります。多忙ななかでも、落ち着いて複数の仕事に取り組めるため、全体のクオリティも上がるでしょう。

3つのステップを意識して、5分間限定で取り組む、を実践してみてください。

Chapter 4 Summary

★ 大事なのはチームのために最初に動き出す意識

★ 自分の存在価値を示すために、自分の知恵と労力をシェアする

★ 自分が何をもって貢献できるかをつかむために「自分」を知る

★「自分レジュメ」に強みと弱みをアップデートしておく

★ 今の仕事、組織にプライドをもつ

★ 引き受けた仕事は、その場でズレがないか確認する

Chapter

5

目標の「背骨」を鍛える

26 軸となる目標づくりに時間をかける

HBSをはじめ、欧米のビジネス・スクールに出願する際には、大学時の成績表や推薦状などのほかに、エッセイが必要になります。

エッセイで聞かれる2大テーマは、大きく分けると、「過去の実績」と「将来の目標」です。

人生の目標を探す2年間

入学前に、十分な時間をかけて、将来の目標を明確にしたにもかかわらず、HBSで出会ったクラスメートは、皆、入学後の学生生活では、その後の人生の目標探しに時間をかけます。

時間をかけるという表現よりも、むしろ、ハーバードでの2年間そのものが、卒業後の目標設定の時間と言っても過言ではないでしょう。

というのも、目標設定とは自分のなかから何かを生み出す行為です。つまり、アウトプットと言えるでしょう。アウトプットには、常に新しいインプットが必要です。

インプットとは、情報や新たな学びなど、何かを生み出すために必要な燃料です。在学中の2年間を目標探しだけに費やしているわけではありません。

日々の授業に出席し、予習・復習に注力し、そして、クラスメート同士の交流にも時間を投じ、その他の課外活動にも精を出す。これらの活動がインプットとなり、目標設定というアウトプットの質を高めていきます。

人生は計画を立てても無意味、という言葉をよく耳にします。確かに、緻密《ちみつ》な計画作りは意味をなさないかもしれません。

人生が計画通りにいくはずもなく、むしろ、計画通りにいかないことこそが、人生なのだ、という言葉も耳にしますね。実際にそうなのでしょう。

ハーバードの学生たちが時間をかけるのは、人生の計画づくりではありません。**卒業後の長い人生において、自分の指針となるような長期目標や、自分が大事にするものを見つけ出すことです。**

そして、それらの指針に従って、中長期的にこうなりたい、というビジョンを作ります。そして、その指針とビジョンに沿って卒業直後のキャリアを考えていきます。

計画は立てた通りにいかないでしょう。目標自体も、変わっていくものです。新たなインプットがあれば、目標というアウトプットも変わりうる。

その時には、柔軟に修正すれば良いのでしょう。

事実、入学前に、学校側は将来の目標を明確にさせ、提出させたにもかかわらず、入学から卒業までの間に、学生の目標設定への支援を惜しみません。積極的に、卒業生スピーカーを呼んだり、キャリアフォーラムを開催したりするのです。

むしろ、目標探しの支援が、学校側の価値と認識していると言っても、言い過ぎではないかもしれません。

自分のパッションと対話する

大事なことは、少なくとも、どこかの時点で自分を真剣に振り返り、自分が何をしたいのか、自分としっかり対話をしながら見つけ出すプロセスなのではないでしょうか。

一度定めた目標には根拠があるはずで、それを明確にすることでしょう。

もし、その根拠が変わりうるならば、目標自体も変わりうる。

目標が変わる際には、自分の過去に定めた目標とその根拠を振り返りさえすれば、なぜ、目標が変わったのかも自分自身のなかで明確にできます。

良くないことは、目標を定めずに、あいまいなゴールのまま走り続けてしまうことではないでしょうか。ゴールがはっきりしていないと、走るスピードも上がっていきません。アクセルを踏むにも、自分に迷いがでるでしょう。つまり、自分の走るべき方向に自信がないということですね。

「つまるところ、人はそれまでの人生で選択したことの総体である」

"In the end, we are our choices."

アマゾンの創業者であり、会長兼CEOであるジェフ・ベゾスは、母校プリンストン大学でのスピーチで、哲学者ジャン=ポール・サルトルの言葉を引用しました。

あとで振り返ると、自分が積極的に選んだ道の積み重ねが、自分の人生なのではないか、という意味です。ここでは、流された一連の結果の総和ではなく、自分で前向きに決断した選択の総和と表現しています。選択には、長期的なビジョンがなければ難しいでしょう。

ベゾスは職を辞めて、アマゾンを立ち上げる際に、自分が本当に何をやりたいのか、というパッションと対話し、最終的にその情熱に従ったと語っています。

職を辞めることが目的ではありません。当時勤めていた会社に残り、価値を生み出すことが彼の情熱であれば、その決断をしたでしょう。

彼は当時、アマゾンを立ち上げることこそが自分の情熱であると、明確に確認したということなのでしょう。だからこそ、その後の困難にもぶれずに、走り続けていられるのではないでしょうか。

まず、自分としっかりと対話をし、長期的な目標を定めてみる。

その目標は変わっても良い。

大事なことは、一度しっかりと目標を定めること。

そして、その目標の根拠となる、判断軸を明確にすること。自分と対話をすることでしか、それは見えてこないのでしょう。

それがはっきりとすれば、自分の走る方向に100％自信をもつことができます。

自信をもって走る方向が見えているからこそ、日々の「基本」を徹底できるのです。

27 成長目的の「つながり」に優先投資する

ビジネスパーソンの時間は限られています。時間は貴重なリソースです。それでは、人との「つながり」に投資をする際には、どのようなことに気をつけるべきでしょうか?

より具体的に言えば、どのような「つながり」に優先的に投資をすべきでしょうか?

投資といえば聞こえはいいものです。

しかしながら、「将来への投資」と銘打って闇雲に時間とお金を投じても、成果の生まれないプロジェクトには、会社はゴーサインを出さないでしょう。個人の投資も同じでしょう。

利害を超えた「つながり」を信じることが大切な一方で、「つながり」への投資リターンを考えるのは一見矛盾しているように思えます。

しかし、時間が限られているビジネスパーソンにとっては、「つながり」を信じる際の時間軸、目指す目的、そして、優先順位をつけた方が、行動指針がぶれにくくなります。

本項では、「つながり」に投資する際の優先領域の判断軸について議論をしたいと思います。

「つながり」を目的にせず自然につながる

私が優先的に投資をする「つながり」とは、「つながり」を目的としない「つながり」です。

ここでいう「つながり」を目的にしない「つながり」とは、利害関係を意識したネットワーキングというよりも、何かの目的を共有する場で結びついた「つながり」を大事にするという意味です。

たとえば、職場、学校、クラブ活動、習い事、勉強会などを指します。

協力して目標実現に向けて努力する職場、何かを一緒に学び、成長し合う場、自分の幅を広げるための勉強会、身体《からだ》を鍛える運動クラブなどにおいて、「つながり」は自然と深まるものです。

こういった場の仲間は、目的、苦労、学び、悔しさ等を共有しています。自然とお互いを助け合う意識が生まれるものです。

ゴールドマン・サックス、マッキンゼーは成果主義が徹底されている一方で、社員の成長を重視しています。

それは、個人一人一人の成長なくしては、会社の成長はなく、成長なくして、良い人材を集め、引き止めることができないからでもあります。

成長意欲の高い人が集まっているからこそ、成長を大事にするカルチャーが存在します。職場では、目的・苦労・学び・悔しさ等を皆が共有しています。結果、そこで出会う仲間同士には深い「つながり」が生まれます。

個人の成長、グループの成果といった明確な目的のある場の「つながり」は、お互いを高めあうものです。

お互いを高めあう意識の人が集う場。チームとして、共通の目的に向かって努力する組織。ここで出会う「つながり」は、長続きするものでしょう。

そもそも、「つながり」とは、利害を超えて信じ合うことのできる関係そのものを指すのではないでしょうか。

成長意欲の高い仲間同士の「つながり」に優先的に投資することをお勧めします。

28

ブレないために「信用」を行動規範にする

「我々の資産は、従業員、資本、そして信用である。いずれかが減少した場合、最も回復が難しいのは信用である」

"Our assets are our people, capital, and reputation. If any of these is ever diminished, the last is the most difficult to restore."

ゴールドマン・サックスのビジネスプリンシプルズの一文です。

1970年代に明文化され、以来同社の経営理念として、受け継がれているものです。当時の共同シニア・パートナー（現在の共同CEOに相当）であり、ウォールストリートにおける伝説の投資銀行家、ジョン・ワインバーグとジョン・ホワイトヘッドが明文化した14箇条がベースとなっています。

社内の集まりでは、必ず経営陣が口にする理念です。

初めてこれを聞いた時、私はわかったような、わからないような、何ともすっきりしない印象を受けた記憶があります。

一方で、どういうわけか、とても興味を持った理念でもありました。シンプルながら、深い意味が込められているような気がしたのです。

すべての企業にとって「従業員」は最重要資産でしょう。そして同様に、「資本」の重要性は語るに及びません。

さらに、「信用」の重要性も言うまでもないでしょう。企業だけでなく、個人にとっても、「信用」の重要性に異論を唱える人はいないはずです。

その意味で、この3つが重要資産であると聞かされて、すっきりとしない理由は、本来ないはずです。

最も重要な資産は「信用」

では、会社にとって最も重要な資産は、と聞かれた時にあなたなら何を挙げるでしょうか？

私が自問をし、答えるとすれば、「従業員」「資本」「信用」の3要素を思いつき、列挙するでしょうか？

3要素ともカテゴリー分けすると、全く異なるものです。

「従業員」とは、人間であり、感情を有する生き物ですが、会社の経営という観点からすると、一つの経営資源ととらえられます。

間違いなく「従業員」の質の高さは、会社の成長にとって最重要であり、「従業員」を最重要資産の一つだと、自信をもって言い切れるでしょう。

「資本」についても、納得感があります。資本力があれば、積極的に投資ができ、大きな商売ができます。資本力があれば、破たんするリスクも低くなります。

それにより、顧客に安心感を与えられる、いっそうの商売拡大の基礎になる。特に、金融機関であるゴールドマン・サックスにとって、当然「資本」は重要でしょう。

そして、私が自問した時に、自分では挙げることができなかっただろう要素は、3つ目の「信用」です。しかし、指摘を受ければ、最も大事な資産として納得してしまうものでもあります。

ここで、興味深い点が2つあります。

まず、「信用」という要素は、前者2つの要素と比べると、明らかにカテゴリーが異なるものです。経営資源として、ヒト、モノ、カネといった表現はよく耳にしますが、「信用」という無形資産を同列に挙げる経営者は少ないのではないでしょうか。

そして、2つ目の興味深い点は、この3つのなかで一番大事なものは、「信用」と言っていることです。

取り戻すまでに長い時間がかかる資産

ウォールストリートでは、業績に連動して、「従業員」が激しく出入りを繰り返します。社員を積極的に採用する時期もあれば、景気のダウンサイド時は、従業員数を流動的に変化させます。

一言でいえば、人員削減です。ウォールストリートでは、積極的に失うこともあるし、失ったあとに、獲得することもある資産が「従業員」です。

ゴールドマン・サックスは金融機関ですので、「資本」をどう調達するかについては、自社にノウハウが蓄積されています。他社の資金調達を支援することが商売なだけに、自社の「資本」を増強するノウハウは豊富といえます。

しかしながら、3つ目の資産である「信用」は、失ったら再度獲得するためには非常に長い時間を要します。地道に、「信用」を積み上げていくしかありません。これは、ウォールストリートだろうと、どの業界であろうと、同じでしょう。

さらにいえば、ウォールストリートは、直近でいえばリーマンショックの例のように、過度なアニマルスピリットが経済全体に悪影響を及ぼし、業界全体が「信用」を失った歴史が過去に何度もあります。

「信用」を失いがちな業界だからこそ、ビジネスプリンシプルズにおいては、「信用」を最重要に位置づけたという背景があるのかもしれません。

「信用」を維持できれば、優れた「従業員」を獲得することができます。「資本」を調達することもできます。短期的に、前者2つは、補うことができる資産ですが、「信用」は補うことはできない資産でしょう。

個人も「信用」を第一に掲げる

個人のキャリアにとっても、プライベートにおいても、同じことが当てはまるのではないでしょうか。

個人にとって重要な資産として、ここでは「従業員」を個人の「スキル」、「資本」を

「財務基盤」に置き換えて考えてみましょう。

個人の「スキル」アップにしろ、「財務基盤」の確立にしろ、非常に重要な意味合いがあります。そして、個人レベルの「信用」も、構築するのに長い時間を要します。

逆に、失った時の代償が、3つのなかで最も大きいのは、やはり「信用」です。

やはり、個人としてみても、最も重要な資産は、「信用」と言えるのではないしょうか。

入社時点では理解しきれなかったものの、どこか興味をひかれたゴールドマン・サックスのビジネスプリンシプルズ。改めて、考えてみると、深い意味が込められています。

個人としても、「信用」を第一に掲げると、日々の行動指針が明確になります。

短期的利益を追い求め過ぎず、より長期的視点を意識しやすくなります。

誰かに注意されることなく、背筋がすっと伸びる感じもありますね。自然と「責任感」も生まれます。結果、「自信」も深まっていくでしょう。

そして、日々「基本」をしっかり徹底しよう、という意識も強まります。

「信用」を最優先にすると、良いことがたくさんあるのではないでしょうか。

改めて、自分の「信用」とチームの「信用」をどう高め、維持していくのか。

私は、この視点を大事にしようと心がけています。

29 地域性とこだわりを服装で表現する

東日本大震災以来、節電の必要性の高まりにより、夏場のクールビズウェアが、いっそう浸透しました。

今では、蒸し暑い日本の夏のビジネスシーンでは、ダークスーツにこだわる必要性が薄まり、より自然体のビジネスウェアを身に着けられる環境が増しました。

一方で、とりあえずスーツを着て出勤すれば良かった時代と異なり、どの程度までの着崩しが許されるのか、少々頭を悩ますようにもなりました。

ビジネスカジュアルの「基本」

ビジネスカジュアル。

「ビジネス」と「カジュアル」の2つの単語が組み合わさってできあがった言葉ですね。

ここで、考えてみたいのが、この2語のウェイトについてです。

「ビジネス」と「カジュアル」の各語は、50対50のウェイト付けと考えてよいでしょうか。それとも、どちらか一つの語の比重が高いのでしょうか。

私は、あくまで、「ビジネス」の語の比重が高く、「カジュアル」の比重が低いと考えています。ざっくりとした感覚ですが、比重をつけるとすると、「ビジネス」に80、「カジュアル」に20でしょうか。

その意味するところは、「ビジネス」の場でふさわしい「カジュアル」ウェアということです。当たり前のことですが、この点を再認識してみたいと思います。

「ビジネス」を「カジュアル」に取り組む、という意味でもないですし、「カジュアル」な「ビジネス」でもありません。「カジュアル」な「ビジネス」ウェアという意味ですね。

ビジネスウェアで優先するポイントは清潔感、という点に異論を唱える人は少ないのではないでしょうか。

本項では、ビジネスウェアは清潔感優先という「基本」からスタートし、どのようなカジュアルウェアがビジネス上ふさわしいか、を考えてみたいと思います。

清潔感のあるカジュアルウェアとすると、男性の場合、基本にあるのは、トップスは襟《えり》付きシャツ、ボトムズは、折り目のあるコットンのパンツなどが挙がるのではないでしょうか。

半袖であれば、Tシャツではなく、襟のあるポロシャツ。

パンツは、ジーンズよりもチノパン。

靴は、スニーカーよりは、ローファーなどのカジュアルな革靴をベースと考えると良いでしょう。

スーツの画一性とカジュアルの地域性

ビジネスカジュアルとして何が相応《ふさわ》しいかを一概に定義するのは難しいでしょう。

それは、業界、地域、季節、会社の戦略などによって、異なってくるからです。

さらには、カジュアルウェアとなると、スーツのように画一的なものではなく、より個性が反映されるものです。

ここでは、カジュアルウェアの個性について、2つの点を考えてみたいと思います。

1つ目のポイントは、カジュアルウェアの地域性です。

フォーマルなウェアというのは、地域を超えて、共通認識があるように思えます。

男性のビジネススーツは、世界のどの地域にいっても、細身、ゆったり、生地の厚み、柄、など多少のスタイルの差はあれ、画一的です。

一方で、カジュアルウェアになると、地域性が増しますね。マンハッタンの夏場は、どんなに暑くても、皆がショートパンツを穿《は》いているわけではありません。また、ショートパンツ、Tシャツ姿の人も都会的に着こなしていて、シリコンバレーのよりラフなスタイルとは異なるでしょう。

シリコンバレーのある西海岸のベイエリアに一度でも行ってみると、東京から持参した流行《はや》りのカジュアルファッションが、その土地の空気にあっていないことを突然肌身で感じます。

気候のみならず、車通勤が一般的な北カリフォルニアと、電車での交通移動が一般的な東京では、身に着けるものが異なってくる部分もあるのでしょう。

その意味で、カジュアルウェアには、郷に入ったら郷に従え、の要素がより強くなるのではないでしょうか。

シリコンバレーの最先端ベンチャーのカジュアルスタイルは、その土地や環境の中から生まれたものです。

必ずしも、アジアの都市にそのまま持ち込んでしっくりくるとは限らないでしょう。

東京であれば、その地域性にあったスタイルに修正する必要があるのでしょう。

ジョブズが黒セーターに込めた意味

２つ目の要素は、カジュアルウェアといえども、ビジネスへの影響を強く意識して選ぶ必要があるという点です。

スティーブ・ジョブズは、黒のタートルネックセーターに洗いざらしのブルージーンズがトレードマークです。ジョブズ氏が、同じスタイルのセーターを何着も保有していたというのは有名な話です。

iPod、iPhone、iPadなど、アップルの製品は、極限までシンプルかつエレガントなデザインが追求され、かつ、高い機能性を両立しています。ジョブズ氏自身の細部にわたる強いこだわりが源泉となったのでしょう。

それだけの美的センスとこだわりがある人にとって、カジュアルウェアを選ぶ際に、単に「カジュアル」＝普段着という感覚で、黒セーターを選んだはずはないでしょう。

むしろ、自分の着る黒セーターとブルージーンズに、アップル社の目指す価値観、ビジョン、想《おも》いが込められていて、何気なく選んだように見せて、相当なこだわりがあったのではないでしょうか。

70年代に立ち上がったアップル社は、当時の既成社会に対する反骨精神や、新たなものを生み出すという強い起業家精神に満ちた会社でした。

だからこそ、ビジネススーツに身を包む既成社会に対して、黒セーターとブルージーンズを象徴と位置付けた。単に着心地が良いから、セーターとジーンズを選んだのではなくて、社会に対してメッセージが込められていたはずです。

ビジネスカジュアルの基本は、ビジネス80の比率を考えると、「信用」を最優先し、清潔感を大事にしたいものです。一方で、フォーマルなビジネスウェアよりは、個性の余地が広がります。

その個性とは、地域にあったもの。そして、ビジネス上のこだわりを体現するものの組み合わせでしょう。

ジョブズ氏がセーターだから、自分もセーターを着る、ではなく、セーターをあえて選んだジョブズ氏のビジネスにおけるこだわりを真似《まね》たいものです。

30 「信用」を支える清潔感のある小物選び

「来週日本に出張に行くので、時間があったら、久しぶりに再会してキャッチアップ（旧交を温める）しないかい？」

夜遅くメールをチェックしたところ、海外からメールが届いていました。送り主は、ロンドン在住のＨＢＳクラスメート。おそらく、週明けに迫った日本出張に向けて、スケジュールを調整していたのでしょう。

センスの良い元HBSの英国人クラスメート

彼は、イギリス出身で、ＨＢＳ卒業後は母国に戻り、金融・投資業界で働いていました。背が高く、ハンサムな顔立ち。センスの良いクラスメートでした。早速メールを返信し、平日の夜に、彼の滞在先ホテルロビーで合流する約束をしました。当日は、ホテル内のカフェバーで2、3杯のビールグラスを傾け、卒業以来の会話に花が咲きました。

ホテルロビーに現れた彼は、会議後オフィスから直行したばかりで、スーツ姿にノーネクタイ。部屋に戻って、タイだけ外して、降りてきたのでしょう。東京で再会する彼は、改めて背の高さが際立ちました。

シンプルで清潔感あるダークネイビーのスーツにシャツ姿。地味目なスーツですが、長身の体にぴったりとフィットしたスーツは、同性の視点からも、「さすがセンス良くて格好いいな」と思ったことを記憶しています。

なかでも、私の目に留まったのは、化粧室に立ち寄った際に、彼がポケットから何気なく取り出したハンカチでした。

スーツは落ち着いた色です。ポケットから取り出されたハンカチは淡いブルー。アイロンがかかったハンカチでした。

ホテルの化粧室には、ペーパータオルが置かれています。しかし、普段から持ち歩いているからでしょう。手を洗ったあと、ポケットからハンカチを取り出し、手を拭うとポケットに戻しました。

実は、私は、ハンカチの買い替えを、ちょっとした季節の楽しみにしています。私がハンカチを買い替える理由は、気持ちが一新されるからです。

ハンカチは、消耗品です。毎日洗濯をして、少しずつ生活感が出てくるものです。あくまで自分の手を拭うものなので、それで良いといえば良いのです。高価なものでないけれど、こまめに買い替える必要性はあまりありません。

でも、だからこそ、私は、1年に1回は、新品のハンカチを買い足します。その時は、ちょっとだけ華やかな色や、少々遊び心のある柄を選んでみます。

基本、ハンカチは人に見せるものではないので、ビジネスの場で目につく色であっても、邪魔にはなりにくいものです。清潔感重視で没個性のスーツやジャケット姿でも、ポケットの中に、パリッとしたハンカチが入っているだけで、どことなく退屈なファッションに、心の中でアクセントが入ります。

ハンカチにこだわるべき2つの理由

ハンカチは毎年買い足しても、経済的に大きな負担にはならないばかりか、「基本」を実践していくうえで、軸になってもくれます。

ハンカチを意識する利点はいくつかあります。

1つ目の理由は、当たり前のことですが、ハンカチを忘れにくくなります。特に、真夏が蒸し暑い日本では、夏場のハンカチは必須アイテムですね。また、仕事場で、プレッシャーのかかるプレゼンテーションの前や、会食などでは、手に汗をかくこともあります。初対面の人とは握手をすることが多いので、さっと手を拭えるハンカチは重宝します。海外出張先では、化粧室にペーパータオルが備わっているとは限らないため、いつでもポケットやカバンにハンカチを入れておく必要があります。

もう1つの理由は、生活のリズムが規則正しくなり、他の忘れ物をしなくなります。翌日のハンカチを前の晩にカバンに入れる習慣が、持ち物準備のきっかけになります。そこで、ハンカチを選ぶ楽しみがあると、翌朝の身支度が少しだけ楽しくなる。身支度が前倒しになるので、生活がより規則正しくなります。

パリッとしていてセンスの良いハンカチは、清潔感の象徴でもあります。

他人に見せるためではなくて、あくまで自分の心がけ。そして、ちょっとした際に見えるセンスも、意外と好印象です。忘れ物防止にもなるハンカチの買い替えをお勧めします。

Chapter 5
Summary

★ 自分のなかの情熱と対話し、人生の目標を設定する

★ 利害関係を超えて成長を目指す人と優先的につながる

★「信用」を指針に掲げると行動がぶれなくなる

★ 服装は無意識のうちにメッセージを発していることを意識する

★ お気に入りのハンカチを1年ごとに買い足す

Chapter

6

他人と競わず「自分」と競う

31 自分の心に訴える「源泉」を探す

学生時代に聞いていた洋楽が、英語に興味をもつきっかけとなった人は少なくないのではないでしょうか。

私は、中学生時代に買ったマイケル・ジャクソンのアルバムの歌詞を開き、よく口ずさんでいました。

もっと英語がわかるようになりたいな、そんな素朴な欲求が英語学習へのドライバーの一つでした。

将来、海外を飛び回るグローバルな仕事に就きたいな。

世界中を旅していろいろな国の人と話してみたいな。

そんな漠然とした想《おも》いがありました。

小学校低学年の時は将来野球選手になりたい、高学年の時はサッカー選手になりたい、と思っていました。

子どもの頃の希望や夢は、自分の才能、向き・不向き、世の中の競争環境などを知らないままにイメージするような、純粋で漠然としたものが多いでしょう。

そして、年齢を重ねるにつれて、目の前の課題に追われて、いつの間にか、小さい頃の夢や想いが、後回しになり、その後回しが、さらに、その夢を非現実的なものにしていく。

そして、気づくと、大人になっているのでしょう。

子どもの頃の夢と今の目標を並べてみる

私の子どもの頃の2種類の漠然とした夢。同列にするには、分野も難易度も異なりますが、ここでは、それらを無視して、半ば強引に横に並べてみたいと思います。

小学校時代に描いていた、野球選手、サッカー選手になりたい、という夢は、一握りの才能をもち、人一倍の努力をした人だけが実現できるものです。

その意味で、大人になった今振り返っても、それは、あくまで子どものころの夢でしかないものです。

一方で、将来グローバルな仕事に就きたい、というような想いは一握りの人にしか叶《かな》えられない夢ではありません。

すでに、それを実現している人は多くいます。そして、今まさに、それを目指している人も多いはずです。

まさに、何歳になっても、いつでも目指せる目標です。

20代のビジネスパーソンであれば、これからでしょう。30代、40代であれば、今まさに、目指すにはちょうど良い年齢でしょう。そして、50代の方は、国内で築いた実績をベースに十分なチャンスがあるはずです。

外部環境としても、東京での二度目のオリンピック開催が２０２０年に決まり、その前後は、まさに、グローバル化が加速する良いタイミングです。まだ遅くない、というよりは、むしろ、今がちょうど良い時期といえるでしょう。

学生時代の夢を思い出す

久しぶりに、中学生時代に聞いた洋楽の歌詞カードを開いてみるのは良い機会かもしれません。

そして、外国のホテルのロビーフロアで、英字新聞を開いて読んでいる姿に憧れた当時の自分を思い出すのも、自分を奮い起こす良いアプローチかもしれません。

一歩を踏み出して、何か、新たなことへのチャレンジを決断をする時は、心に響く何らかのきっかけがあることが多いです。

頭では分かっているが、踏み込めない。

それが、テレビをみたり、映画をみたり、人の話を聞いたり、人の体験を見ていたり。そして、その経験が心に響く時、いままで踏み出せなかった何かをあっさりと決断できることがあります。

人を動かすには、頭に訴えるだけでなく、心に訴えることも必要なのではないでしょうか。

それならば、あえて自分の心に響く、自分を動かすような、音楽を聴いてみたり、言葉を聞いてみたりするのも有効でしょう。

学生時代の自分が思い描いていた将来の自分の姿を、思い出してみたりするのも一手です。

意識的に、自分の心に訴える「源泉」を探し、自分の心にぶつけてみる。それによって、一歩が踏みだせるかもしれません。

32 外国語は自分の年齢に合った習得法を選ぶ

タイガー・ウッズは生後9か月の時にゴルフを始めたと語っています。当然、初めてクラブを握った時の記憶は、ないでしょう。

その後、3、4歳のころの記憶があるとしても、それは、大人になってから眺めた写真のイメージが、頭に残ったものかもしれません。

父親から、グリップの持ち方、姿勢などを教わったうえで、見よう見まねで、楽しみながら、ゴルフというスポーツの基本を自然と身に着けていったのでしょう。

私の友人のなかには、同様に、物心ついた頃からゴルフを始め、アマチュアとしては、最上級レベルの人がいます。

彼に、どうやってゴルフスイングの基本を身に着けたかを聞くと、幼少時に自然と身に着けたために、明確にその過程を思い出すことは難しいと言います。

一方で、私は、社会人になってから、ゴルフを始めました。

今でも、人に自慢できるようなスコアは出せませんが、一緒にコースを回る仲間になんとか迷惑をかけない程度に100前後のスコアまで、ようやく追いついたところです。

上手ではないですが、ゴルフというスポーツを友人たちと楽しめる、ぎりぎりのレベルといえると思います。

非ネイティブは理論で覚えるしかない

私は、ゴルフを練習する際には、社会人になってゴルフを始めた先輩・友人たちに、アドバイスをもらいました。

ゴルフの基本理論の書かれた本を数冊読み、レッスンを受け、身体《からだ》だけでなく、頭でも、ゴルフというスポーツを理解しようと努めました。なぜならば、大人になってから始めたスポーツを理屈抜きで習得するのは、困難だからです。

水泳についていうと、私は、週1回ほどプールに通い、ゆっくりですが泳ぐようにしています。泳ぎを覚えたのは、幼稚園の時に通い始めたスイミングスクールです。初めて息継ぎをしながら25メートルを泳ぎきった瞬間は思い出すことはできません。

最初にバタ足、息継ぎ、腕の動かし方の基本を教えてもらってからは、プールに通いながら、楽しみながら、見よう見まねで泳ぎ方を身に着けました。

仮に、泳ぎの苦手な友人に、どうやって泳ぐのか、と聞かれたとしたら、泳ぎ方を教える自信はありません。

基本的な、息継ぎ法などは、子どもに教えることはできても、25メートルを泳ぐに至るまでのコーチングができる自信はありません。なぜならば、私のなかには、体系的に泳ぎを身に着けた経験と知識が欠けているからです。

私にとって、ゴルフスイングと泳ぎ方の習得法は、180度異なります。野球のボールの投げ方を身に着けた方法も、泳ぎを覚えた方法と同じです。それは、子どもの頃に、自然と身体を動かしながら覚えていったものです。

前者である、ゴルフスイングは、大人になって、身体と頭を結びつけながら、基本を忠実に学び、一定レベルまで習得しました。

英語についても同様です。

私が英語に初めて触れたのは、中学校の"This is a pen."です。

中学生といえども、すでに日本語の脳が出来上がったうえでのことです。私の英語習得方法は、スポーツに例えるとクロールの仕方ではなく、ゴルフスイングと同じです。

つまり、身体を動かし、自然と身に着けたものではなく、文法や構文を頭で理解しながら、身体を使って訓練をしたにすぎません。

そのため、私の英語は、3歳でゴルフを始めた人のような自然のスイングではなく、ぎこちないが、なんとか形になったスイングに例えられます。

あらゆる習得に遅すぎることはない

3歳から英語に触れられる機会があるのであれば、それは素晴らしいことだと思います。

しかし、隣の芝は青く見えるものです。外国で育って、綺麗な英語を身に着けている友人を羨《うらや》んでみても始まりません。

ゴルフのスイングは、ぎこちないですが、その分、私は小学校、中学校、高校と、サッカーに明け暮れる経験ができました。その時に、基本的な体力を身に着けることができましたし、チームワークの大切さ、リーダーシップを学びました。

同じ時間をゴルフに投じていたら、今もっと上手にスイングできるのでしょうけれども、全く後悔をしていません。

語学に関しても、同じです。私は、中学校に入り、義務教育制度のもとで英語を学び始めました。その裏側には、おそらく、日本語の基礎をしっかり身に着ける機会があったのだと考えています。

英語習得方法は、いろいろあります。インターネットのおかげもあり、語学習得方法に関する情報は容易に入手できます。その中で、自分に合ったアプローチを、しっかり見定める必要があります。

社会人になって、英語習得に改めて取り組もうと考えているビジネスパーソンの方は多いでしょう。

その際は、3歳のゴルフなのか、大人のゴルフなのか。4歳のクロールなのか、40歳のクロールなのか。それぞれ、アプローチを見極めるのがよいでしょう。

大人になってから、社会人になってから英語習得に再度チャレンジする際には、見よう見まねでは難しいのです。

しっかりと「基本」を身に着け、頭と身体を同時に使った最適な習得方法を考えることが大切でしょう。

33 GSの上司・先輩の英語習得法

自分に合った外国語の習得法やアプローチを考える際には、自分とバックグラウンドや環境の似た先輩をモデルにすることが有効でしょう。

英語の習得法は、多種多様です。人それぞれの目標があり、満足レベル、求められるレベルが異なります。自分に合った目標を定め、取り組むことが重要です。

そして、その際には、細かなメソッドの研究というよりは、まずは大まかな視点で、自分の目指すレベル、アプローチを、自分なりに定義することが重要です。

具体的にいえば、日本国内で、ドメスティックな環境で育った人は、同じような環境で英語を習得した人を真似るのが得策といえるでしょう。

ネイティブスピーカーに英語の学び方を聞いてみたところで、私たちが日本語の学び方を説明できないのと同じで、明確な答えは返ってこないでしょう。ノンネイティブスピーカーは、ノンネイティブスピーカーとして語学を身に着けた先輩の背中を見るべきでしょう。

目標とする英語のレベルについても、同じような職業の先輩を基準とするべきでしょう。研究者が英語を習得するのであれば、やはり先輩研究者で、海外で活躍する、ノンネイティブスピーカーを基準とすべきでしょう。

スポーツアスリートであれば、アスリートとして必要な語学を身に着けた人に聞くべきです。ビジネスパーソンであれば、ビジネスパーソンとして英語を習得している人に話を聞くべきでしょう。

その際に、ネイティブスピーカーには、習得の過程で協力してもらうのが良いでしょう。英語を教える専門家である英語教師の方にも、同様にアドバイスをもらうのが良いでしょう。

しかし、その際には、あくまで、参考に留《とど》めておくべきです。ネイティブスピーカーは、われわれノンネイティブスピーカーの本当の苦労を、理解することができません。

英語の教授法を専門とする立場の方も、あくまで英語を専門としているので、ビジネスパーソンとしての英語習得とは、目的や投じられる時間も異なってきます。

「そっけない答え」の理由

私が英語修得にあたり参考にさせてもらった先輩たちは、ノンネイティブスピーカーとして、グローバルファームの最前線で活躍するビジネスパーソンたちです。

具体的にいえば、ゴールドマン・サックスの先輩、上司たちでした。ゴールドマン・サックスの先輩、上司の多くが、米国大学院への留学を経験しています。

ここで、私自身の経験も振り返ってみます。2年間のMBA（経営学修士）留学の前後で、どれだけの英語力がアップしたかです。2年間の留学では、確かに、多くの経験をすることができました。

しかし、実は、留学するまでの数年間、英語学習に費やした時間は、かなりのものです。むしろ、留学前の学習こそが、自分の英語力の基礎を築いてくれたと考えています。

では、ノンネイティブスピーカーとして英語を習得しているビジネスパーソンに、英語習得法を尋ねると、一体どのように答えてくれるでしょうか？

「自分は英語が下手だから、人に教えるほどではないよ」と言う人が圧倒的に多いでしょう。

それでも、どうやって勉強したの？　と食い下がって聞いてみると、「そうだね。英語圏に住めば、誰でも、一定レベルにはいくものだよ」と答える人が多いでしょう。

そこで、さらに、もう一歩踏み込んで、そうは言っても、留学前にそれなりに勉強したのでは？　と聞くと、次のような答えが返ってきます。

「そうだね。強いて言えば、英語のニュースを電車で聞いていたよ」

「ハリウッド映画を字幕を見ずに、見ていたよ」

「英字新聞読むと良いよ」

確かに、どれも、間違っていないのでしょう。しかし、どの答えも、そっけないというか、聞き手の身になった回答ではないことが多いです。

つまり、英語習得者である先輩に、その秘訣《ひけつ》を聞いてみても、参考になる答えは返ってきにくいものです。

それは、一体なぜなのでしょうか？　私は、主に3つの理由があると考えています。

①　英語が一定以上できるようになっても、さらに上のレベルを目指しているため、他人に英語習得法を伝授できるレベルでないと考えている

②自分の学び方を体系だてて振り返ってはいない。いろいろなきっかけ、体験が積み重なっていて、一言で他人に伝授できるほど整理されていない

③自分が英語上級者であることで、一定のキャリア上の優位性を有しているため、自分の学び方を人と共有するインセンティブは多くない。つまり、無意識のうちに既得権を侵されたくないと感じている部分がある

グローバルビジネスの最前線で忙しい毎日を送っているビジネスパーソンは、常に自分の英語力不足を課題視していて、上を目指して頑張っています。だからこそ、今までの自分の英語習得法を振り返る時間もないし、それを他者と共有する意識もありません。

「英語習得に近道なし」を体感するのが第一歩

さまざまな体験が積み重なって到達した英語力を、体系だてて振り返ることがなければ、他人に説明することはできません。

さらに、あえて、時間を割き、自分の体験を他人に共有するために、自分を振り返るには、それなりのインセンティブが必要です。

多くの人は、自分が英語をできることにより、やりがいのある仕事についていたり、平均よりも高い収入を得ていたりします。無意識のうちに、既得権を侵されたくないという心理的ブレーキがかかってしまっているという部分もあるのでしょう。

そのため、周囲にいるグローバルビジネスパーソンの先輩にアドバイスをもらう際には、突っ込んで聞いてみる必要があります。

具体的に、どれだけの時間をかけたのか、どんな教材をつかったのか、本気でヒアリングしてみると良いでしょう。

実は、私たちの周囲にいるMBAホルダーたちは、2年間の留学中に英語力が格段に上達したというよりは、留学するまでの過程で相当な時間を英語の基礎力向上に投資をしています。

こう聞くと、気が遠くなるような時間ですが、実際、英語を習得して、グローバルに活躍するには、近道は存在しないはずなのです。

まず、周囲の先輩たちに、本音ベースで、英語をどう習得すればよいのか、聞いてみることから始めてみるのが良いと考えます。

34 自分に対して〝負けず嫌い〟になる

ゴールドマン・サックス、マッキンゼーの同僚たち、ハーバードのクラスメートは、非常に競争意識が高いです。それは一言でいうと、負けず嫌いと表現できます。

しかし、常に自分を他人と比較をしているかと言えば、そうではありません。とことん、勝負にこだわるのかと思っていたら、あっさり負ける。

というよりも、競争に全く興味を示さずに、競争に参戦しさえしないこともあります。本気で勝負に参加しなければ、当然あっさり負けますね。

いったい、この矛盾はどこから来るのでしょうか？

それは、自分の設定する目標、ゴールに対してコミットメントレベルが高いからです。

自分自身のゴールに対して、自分がどの位置にいて、どうやってゴールに到達できるか、ということを真剣に考えている人が多いのです。他人と比較して、自分がどの位置にいるか、ということにはあまり興味を示しません。だからこそ、他人との勝負に興味を示さない時がある、ということでしょう。

自分の設定したゴールに最短で進む

競争心の強さと、競争への無関心さ、の2つが同居する理由。

それは、他人と競い、勝負に勝つことよりも、自分の設定した目標・ゴールに近づけるかどうか、をより重要視しているからです。

他人と競うことで、そして、その競争に勝つことで、自分のゴールに近づくことができるのであれば、他人との競争に積極的に向かっていきます。しかし、その逆の場合は、他人との競争に消極的、むしろ、無関心という状況になるのです。

競争心は、自分が成長するためにとても大事な要素です。

一方で、勝っても仕方がない競争にも、日々直面するものです。

たとえば、夜遅くまでオフィスに残って残業する、ということで、無意識のうちに、社員同士が競ってしまうようなこともあるでしょう。

しかし仮に、同僚よりも成果で勝ちたいということであれば、夜遅くまで残業しているよりも、早く帰って朝早く出社し、仕事を片付ける方が良い場合があります。

他人よりも自分と競った方がいい3つの理由

他人と戦わずに、自分と競うことのメリットは3つあります。

1つ目は、前述したように、無駄な競争に巻き込まれずに、自分の設定するゴールに最短でたどり着けることです。

2つ目のメリットは、仮に競争に負けても、過度に落ち込まないことです。

競争の結果は、外部環境や運にも左右されます。仮に負けても、自分の設定した目標に負けた、自分の努力が足りなかった、と前向きにとらえることができます。

3つ目のメリットは、人を蹴落としてまで這《は》い上がろうとしないことです。競う相手は、あくまで自分です。人を蹴落とすことは目標外の行為でしょう。

では、どうしても他人と競わなければいけない時に、どう頭を整理するのか。

まず、他人との競争に勝利することと、自分の目標達成の方向性、ベクトルを頭のなかで再確認してみる。

そして、その瞬間の他人との競争に勝つことが、結局のところ自分の目標に向かうことであり、自分と競争することと同じかどうか、を見極める。

そうすることで、他人と競争することを自分との競争に置き換えることができます。

そして、自分と競うことの第一歩は、目標を明確にすることです。

そこでは、背伸びした目標を掲げる。さらに、学生時代に思い描いた目標を少しだけ思いだしてみるとやる気がわきますね。

「基本」を徹底すると聞くと、自己規律を連想しがちです。

自己規律と聞くと、ストイックな印象を受けます。

自分を律すること。我慢強いこと。忍耐力。真面目さ。それが「自分と競う」と聞くと、少しリラックスできます。

競うとなれば、負けることもある。気軽に考えて、ゲーム要素が生まれてくる。

ストイックに「基本」を実践するのではなく、日々、楽しく、自分と競いながら、取り組んでみるようになれるでしょう。

35 1週間に一度は「自分時間」を捻り出す

「まず、鏡の中の男から始めてみる。鏡の中に映る自分が変わることから始めてみる」
"I'm starting with the man in the mirror. I'm asking him to change his ways."

マイケル・ジャクソンの"Man In the Mirror"(作詞：サイーダ・ギャレット、グレン・バラード)の一節です。

中学生時代に聞いていた時は、私にはその意味の深さを理解できませんでした。歌詞のメッセージに興味も向かず、ただただマイケルが格好よく見えただけです。

"THIS IS IT"が発売され、久しぶりに聞いたこの曲の歌詞。ようやく、うっすらと、その意味がわかるようになってきたのかもしれません。

曲の最後には、マイケルの高い歌声が響きます。

"That man, that man, that man!"
「鏡の中のあの男から変えよう、あの男だよ、そうそれは自分だよ」

訳すと、こんな感じでしょうか。

「変わるべきはまず自分から」

仕事で気分が乗らない時、プライベートで悩んでいる時、後悔している時、目標を見失っている時、疲れた時、こんな時は、どうしても愚痴を言いたくなります。

その時は、家族や友人に少しばかり協力してもらい、愚痴を聞いてもらうのが良いのかもしれません。

不思議なことに、愚痴を口に出してみると、だんだん気持ちが落ち着いてきます。そして、愚痴を言っている自分を振り返ってみます。

自分の目の前の課題に対して、どう対処すべきかについて、実は、自分ではすでに認識していることもあります。

マイケルは、「変わるべきはまず自分から」と歌っています。

周囲を変えたければ、まず自分から一歩を踏み出そう、という意味ですね。

まさに、小さなリーダーシップといえるかもしれません。

そして、変わるべき内容もすでに自分で気づいている。

実は、答えはすでに自分の中にある、ということですね。

エリートたちも実践している陰の努力

「基本」の大切さ、については、すでに私たち一人一人が自分で認識しているはずです。

何が「基本」かについても、自分なりの解がある。

そして、その「基本」をどう実践するか、についても、自分なりのおぼろげなイメージがある。実は、結論が自分の中にあるということがよくあります。

その意味で、改めて、自分自身が気づいていることを、自分の手で整理してみると良いのです。

マッキンゼーのコンサルタントは、どんな難問も瞬間的に、論理を分解し、整理できるかと言えば、そうではありません。

実は、何度も紙に書き、ぐちゃぐちゃの論理を、やっとのことで整理します。ゴールドマン・サックスのプロフェッショナルは、もともとコミュニケーション力に秀でていて、プレゼンテーションが上手かといえば、そうではありません。実は、陰で、何度もリハーサルをして、話の流れや強弱などの細部にわたり、繰り返し練習をしています。

ハーバードの学生は、自信に満ち溢《あふ》れ、自分の目標に向かってまっしぐらにキャリアを走り抜けているかと言えば、そうではありません。

繰り返しの自己分析を通じて、自分の強みと弱みを見分け、おぼろげな自分の情熱を、軸のある目標に落とし込んでいます。

そして、日々の積み重ねから、少しずつ自信を深めていっています。

結局のところ、表に見えないところで、自分をしっかりと見つめ、自分と対話をし、自分をモチベートしているといえるのではないでしょうか。

実は、不安もあるし、右往左往もする。積極的に、自分の内面に働きかけて、まずは、「基本」を徹底する。

私も「自分ノート」を持ち歩き、一人の時間をつくって、積極的に自分の頭のなかのごちゃごちゃを整理するようにしています。

どんなに忙しい時でも、最低でも1週間に一度は、自分の時間をブロックします。

むしろ、忙しい時ほど、あえて振り返りを大事にするようにしています。

その時は「もう一人の自分」としっかりとアポイントをとります。

それが「振り返り」の最初の一歩です。

皆さんも、ぜひ「自分時間」を活用してみてはいかがでしょうか。

Chapter 6 Summary

★ 子どものころの夢を思い出し、何が自分を突き動かしたのかを考える

★ 言語や技術の習得には自分に合った最良のアプローチを探す

★ 英語学習は身近なノンネイティブスピーカーを参考にする

★ 自分のゴールを設定し、それに最短で突き進む

★ 1週間に一度は頭のなかを整理する時間を設ける

Epilogue

本書のタイトル「エリート」に込めた想い

「では私は、なぜ大学を中退したのでしょうか？

その原因は、私が生まれる前にまで、さかのぼります」

“So, why did I drop out? It started before I was born.”

おなじみのスティーブ・ジョブズによるスタンフォード大学でのスピーチ。

大学を中退し目標を見失った当時の自分を振り返り、その理由を述べる一節です。

生まれた直後に、貧しかった実の両親の手から離れ、その後養子として育ったジョブズ氏。育ての両親も決して裕福な家庭ではなかったと語っています。

そして、育ての両親が生涯かけて貯蓄した資金のほとんどが自分の大学の学費に投じられた。

大学に居場所を見つけられない若き日のジョブズ氏は、退学を決意する。本人は当時の自分をドロップアウトと表現しています。大きな挫折だったでしょう。

ところで、ジョブズ氏は、「ビジネスエリート」でしょうか？

「選ばれし者」という「エリート」の本来の意味からすれば、ジョブズ氏はエリート中のエリート。むしろ、エリートという表現の枠を超越した存在といえるのではないでしょうか。

私は、本書のタイトルである「エリート」という表現を肯定的にとらえています。そして、本書のタイトルに、その想《おも》いを込めています。

「エリート」とは、恵まれた環境に生まれ育ち、多くを「与えられた」特権階級という意味ではなく、努力によって、成果を生み、結果、選ばれし存在となった人たち。私は、そうとらえています。

もちろん、大小の差はあれ、人それぞれには「与えられたもの」があるのでしょう。「与えられたもの」を最大限に活《い》かし、「与えられなかったもの」を努力で補っていく。ジョブズ氏は、「与えられたもの」を活かし、「与えられなかったもの」をエネルギーに変え、成果を出した人といえるのではないでしょうか。

隣の芝の青さに目をやる時間があるならば、自分の芝の青い部分を育て大きくしていく。

そして、自分の芝の一見青くない部分までも、見方や考え方の角度を変えることで、青い芝に変えていった。私は、ジョブズ氏を、そのようにとらえ、心から尊敬しています。

ジョブズ氏は極端な例です。しかし、「エリート」とは、努力によって誰もが目指すことが可能な存在と言えるのではないでしょうか。そして、誰もが「エリート」を目指すことで、そこでのポジティブなエネルギーが、お互いを高めていくのではないでしょうか。それが積み上がって、前向きな社会になっていくと、私は信じています。


私自身、「自信」が満ち溢《あふ》れているようで、実は、不安を感じる日が少なくありません。「リーダーシップ」意識、「チームワーク」精神が足りない、と自省することは日常的なことです。先輩経営者と話をし、自分の「責任感」が足りない、と課題に感じることは日課のようなものです。高い「目標」を掲げるアスリートの精神力に、いつも尊敬の念を強く感じます。

このような発展途上の私が、「自信」の深め方、「責任感」の重要性、「高い目標」設定が与えてくれる効果について、本書に記しています。そして、「基本」の大切さを、議論しています。それを実現しているのは、ゴールドマン・サックス、マッキンゼー、ハーバードで出会った、元上司、先輩の方々、同僚、後輩、クラスメートたちから、私が、直接的、かつ、間接的に、学ばせてもらう機会に恵まれたからです。

私は、本書を記すことが、私なりの「リーダーシップ」と「チームプレー」の実践の一つととらえています。本書では、私が、元上司、先輩、同僚、クラスメートたちから学ばせてもらった一部を、「シェア」することに努めました。

この本を手にとってくださった方にとって、本書が、少しでも「自信」を深め、「責任感」をエネルギーに変え、さらなる「高い目標」に向かって、もう一歩を踏み出すきっかけの一つになるのであれば、本書の目的は達成されると考えています。

それが、私なりの、今自分にできる、小さな「リーダーシップ」と「チームプレー」の積み重ねと考えております。


本書を執筆する機会をいただけたことに、心から感謝をしております。

前著、そして本書を手に取ってくださった多くの方々には、心よりお礼を申し上げたいと考えています。なぜならば、読者の皆さんから、私自身が、大きなエネルギーをいただいているからです。どうもありがとうございます。

前著の出版を、心から喜んでくれ、励ましの言葉をかけてくれた、ゴールドマン・サックス、マッキンゼーの元上司、先輩の方々、同僚、後輩たち、ハーバードのクラスメートたちには、大変感謝をしています。

在職中、在学中に学びを「シェア」してもらったばかりか、離職後も大きなエネルギーをいただきました。どうもありがとうございます。

前著に続き、適切なタイミングでアドバイスをくれ、一冊の本の完成に向けた舵取《かじと》りのリーダーを務めてくれた朝日新聞出版編集部の佐藤聖一さんには、心から感謝をしています。今回もどうもありがとうございます。

日々、新たなインスピレーションとエネルギーをくれるシーネクスト・パートナーズの仲間、CLUB900のメンバーのみんなにも、お礼を述べたいと思います。

本当にどうもありがとう。

休日に、ペンをもち、ノートを広げ、PCに向かう自分を、いつも笑顔で後押ししてくれた家族の存在は、かけがえのないものです。いつもどうもありがとう。

繰り返しになりますが、本書を執筆する機会をいただいたことに心より感謝をしています。

どうもありがとうございます。

戸塚隆将

戸塚 隆将（とつか・たかまさ）

1974年東京都生まれ。慶應義塾大学経済学部卒業後、ゴールドマン・サックスにて、日米欧アジア企業のM&A（事業譲渡）アドバイザリー業務に5年間従事。その後、ハーバード経営大学院（HBS）にてMBA取得後、マッキンゼー＆カンパニーに転じ、多国籍企業の戦略立案、組織改革、事業譲渡、事業提携等の戦略コンサルティング業務に従事。2007年、シーネクスト・パートナーズ株式会社を設立し、代表取締役に就任。同社にて企業のグローバル事業開発およびグローバル人材開発を支援する他、HBSのケーススタディ教材を活用した短期集中型実践ビジネス英語プログラム「CLUB900」を開発・運営する（http:// club900.jp）。著書に累計20万部のベストセラーとなった『世界のエリートはなぜ、「この基本」を大事にするのか？』（朝日新聞出版）、共同翻訳書に『企業価値評価第4版』（ダイヤモンド社）がある。

世界のエリートはなぜ、「この基本」を大事にするのか？
実践編

２０１４年８月30日　第１刷発行
２０１４年10月30日　第２刷発行

著　者　戸塚隆将
発行者　首藤由之
発行所　朝日新聞出版
〒１０４-８０１１
東京都中央区築地5-3-2
電話　０３-５５４１-８８１４（編集）
　　　０３-５５４０-７７９３（販売）

印刷所　大日本印刷株式会社

ＩＳＢＮ９７８-４-０２-３３１２６５-４
定価はカバーに表示してあります。